Das Original HEINZ USA-Kochbuch

Carsten Dorhs Andreas C. Studer

HEINZ
57
VARIETIES
HEINZ
1869
TOMATO
KETCHUP
57 VARIETIES
750 ml · 855g

HEINZ

VORWORT

Henry John Heinz ahnte sicherlich 1876 nicht, welches Kultprodukt er gerade geschaffen hatte. Als Anregung für die Entwicklung dienten ihm Namen und Rezeptur einer alten chinesischen Würzsauce namens »ketsiap«, in Malaysia als »kechap« bekannt. Dort entdeckten englische Seefahrer die Fischsauce und brachten sie über Europa schließlich nach Amerika. Heinz veränderte die Rezeptur und heraus kam, was heute Jung und Alt so (h)einzigartig gut schmeckt: Heinz Tomato Ketchup!

In Amerika findet man Ketchup in 97 Prozent aller Haushalte und 80 Prozent der Restaurants – er ist also längst unverzichtbarer Bestandteil der USA-Küche geworden.

Freuen Sie sich auf die Classics und Trends der amerikanischen Küche mit der Heinz Tomato Ketchup Family und ihren würzigen Saucen-Verwandten.

Lassen Sie sich überraschen, wie vielseitig die Heinz USA-Küche ist. Und erleben Sie die faszinierende Lebensgeschichte des großen Unternehmers und Firmengründers: Henry John Heinz.

INHALT VON H-Z

Starters & Salads

Da kommen selbst die Kleinsten ganz groß raus

American Classics

Mega-Genuss aus USA!

Main Dishes

Spicy! Hot! Great!

Barbecue

Für's Outdoorvergnügen

Local Heroes

Heroes von der East- zur Westcoast

THE STORY OF SUCCESS:

EIN MACHER MACHT EIN

1860 hatte Henry John Heinz, 16jähriger Sohn süddeutscher Einwanderer, in Pittsburgh/Pennsylvania eine glasklare Geschäftsidee: Henry oder auch Harry, wie er genannt wurde, verkaufte den in Mutters Garten gezüchteten Meerrettich. Das wäre nicht wirklich außergewöhnlich, hätte Henry John Heinz nicht einen entscheidenden Unterschied gemacht: Um klarzustellen, dass er das reine Lebensmittel verkauft und keine mit billigeren Zutaten aufgefüllte Mogelpackung, verwendete er transparente Schraubgläser, die den Blick des kritischen Betrachters auf die Ware freigaben.

EIN LEBENSMOTTO WIRD ZUR FIRMEN-PHILOSOPHIE

"Um Erfolg zu haben, muss man nur ganz normale Dinge außergewöhnlich gut erledigen!" – davon war Henry John Heinz überzeugt. Und der Erfolg gab ihm Recht: Das Geschäft lief so gut, dass er neun Jahre später mit C.L. Noble in Pittsburgh das erste Unternehmen, die Heinz & Noble Company gründete.

Von Anfang an legte er die Messlatte hoch an: Nur die besten Rohstoffe wurden verarbeitet, ganz natürlich mussten seine Produkte sein – ohne jeglichen Zusatz von Konservierungsstoffen – und es galten strengste Hygienekriterien.

Deshalb stellte er Arbeitskleidung zur Verfügung, die regelmäßig gereinigt wurde, installierte Waschgelegenheiten für die Arbeiter und unterzog die Mitarbeiterinnen, die direkt mit den Lebensmitteln in Berührung kamen, einmal wöchentlich einer Maniküre.

EIN (H)EINZIGARTIGER ARBEITGEBER

Als Unternehmer verlangte H. J. Heinz seinen Angestellten vollen Einsatz, höchste Konzentration und exaktes, verantwortungsvolles Arbeiten ab. Zugleich entwickelte er aber ein für seine Zeit revolutionäres Motivationsprogramm, um ihnen einen Ausgleich zur anstrengenden Tätigkeit zu bieten. So ließ er zunächst auf dem Dach zwei Gärten anlegen – dem damaligen Sittencodex zufolge natürlich für Frauen und Männer getrennt. Kurz darauf errichtete er auf dem Firmengelände zwei Kantinen, in denen sogar ein Pianospieler das Essen musikalisch untermalte, sowie eine Sporthalle, ein Schwimmbad, und – um auch den kulturellen Genüssen frönen zu können – eine Bibliothek sowie eine Halle, die für Konzerte und Vorträge genutzt wurde. Das Highlight für die Heinzianer aber waren Kutschen und Pferde, mit denen man die City Parks erkunden konnte – ganz wie die wohlhabenderen Mitbürger.

Henry John Heinz (1844-1919) mit seinen Enkelkindern vor dem Konservatorium, 1916

Produktverpackung, ca. 1900

Fahrzeugwerbung, ca. 1900

DREI DINGE MACHEN DEN WAHREN HEINZ AUS

1. »57 Varieties« steht auf jedem Etikett, die Zahl 57 ist ins Flaschenglas geprägt, aber was hat es damit auf sich? Nun, 1896 sah Henry John Heinz eine Werbetafel, auf der ein Schuster »21 Paar unterschiedliche Schuhe« anpries. Er war völlig fasziniert! Klar, man muss einen Slogan haben, den sich jeder merken kann. Und so entwickelte er in Windeseile »57 Varieties«, und dies, obwohl seine Company zu diesem Zeitpunkt bereits über 60 Produkte herstellte! Doch irgendwie symbolisierte die Zahl »57« für ihn einfach Magie, Glück und Erfolg.

2. Das ursprüngliche Firmenemblem: Die Gewürzgurke mit dem Heinz-Schriftzug.

3. Die einprägsame Form des Etiketts: der Keystone. Ein »Schlüsselstein«? Tatsächlich, denn es handelt sich um einen Begriff aus der Architektur. Der Keystone ist der mittlere und damit entscheidende Stein, der einen Bogen fixiert. Ausserdem nannte man Pennsylvania, wo die Company beheimatet war, zu diesem Zeitpunkt den »Keystone State«, da er der mittlere der damals 16 amerikanischen Bundesstaaten war. Die Symbolik gefiel Henry John Heinz und so wählte er 1878 dessen Form für die Gestaltung seiner Etiketten.

Seit 1878 tragen die Heinz-Produkte das Etikett in Keystone-Form

THE STORY OF SUCCESS:

Am **11.10.1844** wird Henry John Heinz als erstes der acht Kinder von Heinrich und Anna Heinz geboren.

1856: Henry legt den elterlichen Garten neu an und verkauft das eingemachte Gemüse an Nachbarn und Lebensmittelhändler.

1859: Ausbildung am Duff's Mercantile College (Handelsfachschule) in Pittsburgh. Nebenbei arbeitet er als Assistent in der väterlichen Ziegelfabrik und übernimmt dort bald die Buchhaltung.

1868: Mit dem ersparten Lohn beteiligt sich Henry zur Hälfte am väterlichen Unternehmen.

1869: H.J. Heinz gründet mit L.C. Noble die Heinz & Noble Company, die Senf, Selleriesauce sowie eingelegtes Sauerkraut und Gewürzgurken produziert. Das Firmenlogo: ein Anker.

1870: Henry heiratet Sarah »Sallie« Sloan Young, Tochter irischer Einwanderer.

1875: Die Heinz & Noble Company geht während einer allgemeinen Wirtschafts- und Bankenkrise bankrott.

1876: Henry lässt sich nicht unterkriegen: Mit 3000 Dollar, die er von seinem Bruder John, seiner Frau und Cousin Frederick leiht, gründet er am Valentinstag die F. & J. Heinz Company. Und im gleichen Jahr präsentiert er seinen späteren Top Hit: Heinz Tomato Ketchup is born!

1886: Heinz startet ganz nebenbei (während eines Familienurlaubs in London) den Verkauf seiner Produkte in Großbritannien. Heute denkt das Gros der Briten übrigens, Heinz sei eine englische Firma.

1888: Umbenennung in H.J. Heinz Company.

1893: Heinz ist auf der Weltausstellung in Chicago vertreten und verteilt die ersten Werbegeschenke, um auf den abgelegen platzierten Stand aufmerksam zu machen: Pins in Form des Gewürzgurken-Logos. Mit Erfolg: Die Polizei lässt wegen des hohen Besucherandrangs die Gallerie aus Sicherheitsgründen sperren!

1896: Henry entwickelt den Slogan »57 Varieties«. Zugleich setzt er sich massiv für eine Art »Reinheitsgebot« ein, da mehr und mehr Firmen Lebensmittel mit künstlichen Farbstoffen, Aromen und Konservierungsstoffen herstellen. Als er Präsident Roosevelt schildert, wie leicht aus einem billigen Whisky ein angeblich 10 Jahre alter Scotch gemacht werden kann, legt er den Grundstein für das schließlich 1906 vom US-Kongress verabschiedete Lebensmittelgesetz.

1899: Wieder eine Pioniertat: Heinz bietet die ersten Fabrikführungen der amerikanischen Industriegeschichte an. Bereits im ersten Jahr empfängt er 20.000 Besucher.

1900: Auf der Weltausstellung in Paris werden die Heinz-Produkte mit zwei Goldmedaillen ausgezeichnet.

1905: Eröffnung einer Produktionsstätte in England.

1909: In Kanada wird die zweite Heinz-Niederlassung ausserhalb der USA gegründet, es folgen Werke in Spanien und Schottland.

1919: Nach dem Tod Henry John Heinz‘ übernimmt sein Sohn Howard Heinz die Leitung des Unternehmens. Er führt die weltweit erste Abteilung für Qualitätskontrolle und -sicherung ein.

1920: Howard setzt die Reihe der Innovationen fort und etabliert den »Founders Day«. So lauschen am Geburtstag von Henry John Heinz zehntausende Heinz-Beschäftigte in aller Welt zeitgleich via Kurzwelle Howards Rede und nehmen anschließend an 62 verschiedenen Standorten weltweit an einem feierlichen Bankett teil.

1935: Heinz goes Australia.

1941: Als Howard Heinz stirbt, übernimmt sein 33 Jahre alter Sohn Henry John II., genannt Jack seine Nachfolge. Er gründet die »Stiftung Ernährung«, die später als »International Life Science Institute« weltweites Ansehen genießt.

1946: Aus dem Familienunternehmen H. J. Heinz Company wird eine »Private Company« (Aktiengesellschaft), die an der New Yorker Börse an der Wall Street notiert ist.

1970: Heinz präsentiert seinen Tomato Ketchup nun auch in Deutschland.

1998: Heinz führt die praktische Squeeze-Flasche in Deutschland ein.

1999: Nun ist es auch statistisch bestätigt: Das beliebteste und meistverkaufte Tomato Ketchup der Deutschen kommt aus dem Hause Heinz.

2000: Weltweit hat die H.J. Heinz Company 150 Niederlassungen, in denen 41.000 Mitarbeiter über 5.000 Produkte herstellen und vermarkten.

2001: Heinz Tomato Ketchup feiert weltweit seinen 125. Geburtstag!

Das Heinz - Firmengelände in Pittsburgh, 1895

New Yorks erste Leuchtwerbung auf einer Hausfassade von Heinz, 1900

Die Kantine bot 600 Frauen Platz, 1900

Der Heinz-Stand auf der Weltausstellung Chicago, 1893

Werbung für Heinz Tomato-Ketchup, ca. 1900

Starters & Salads

Start it up!

In den USA kommen bekanntlich selbst die Kleinsten ganz groß raus: Im Handumdrehen werden hier aus züchtigen Kartoffeln exotische Potato Wedges und aus Tränen bringenden Zwiebeln richtig heiße Onion Rings ...

Onion Rings

Das wird gebraucht:

3 Gemüsezwiebeln
200 g Mehl
1/2 l Pflanzenöl zum Frittieren
1 TL Salz
3 Eier
100 ml Bier
Heinz Knoblauch Sauce
Heinz Tomato Ketchup

Zubereitungszeit: ca. 40 Minuten
Für 4 Personen
Pro Portion: ca. 1550 kcal/ 2300 kJ

1

So wird's gemacht:

1. Die Zwiebeln schälen und in ca. 1 cm dicke Ringe schneiden, mit wenig Mehl bestäuben. Das Pflanzenöl in der Fritteuse auf ca. 180° erhitzen. Oder im Topf heiß machen, bis sich, wenn man einen Holzkochlöffelstiel reinhält, viele kleine Bläschen bilden.

2. Restliches Mehl mit Salz, Eiern und Bier zu einem glatten Ausbackteig verrühren. Der Teig soll nicht zu flüssig sein. Zwiebelringe in den Teig tauchen, etwas abtropfen lassen und vorsichtig ins heiße Öl geben. Von jeder Seite ca. 2 Minuten frittieren.

3. Die Ringe mit dem Schaumlöffel rausholen, auf Küchenpapier abtropfen lassen und im Backofen warm stellen.

4. Heinz Knoblauch Sauce und Heinz Tomato Ketchup je in eine Schale geben und als Dips zu den Zwiebelringen servieren.

Southern Drumsticks

Das wird gebraucht:

4 kleinere Hähnchenkeulen
Salz
3 EL Mehl
2 Eier
80 g Semmelbrösel
1 TL Chilipulver
1 l Pflanzenöl zum Frittieren
Heinz Hot Ketchup

Zubereitungszeit: ca. 45 Minuten
Für 4 Personen
Pro Portion: ca. 620 kcal/ 2585 kJ

2

So wird's gemacht:

1. Hähnchenfleisch mit Küchenpapier trockentupfen und in eine Schüssel geben, salzen und mit dem Mehl bestäuben.

2. Die Eier verquirlen und über das Hähnchenfleisch geben. Semmelbrösel mit dem Chilipulver mischen und die Drumsticks darin wenden, Panade gut andrücken.

3. Das Öl in der Fritteuse auf 160° erhitzen oder im Topf heiß machen. Die Drumsticks darin in 2 Portionen jeweils ca. 10 Min. frittieren, auf Küchenpapier abtropfen lassen.

Mit Heinz Hot Ketchup servieren.

Exotic Potato Wedges

Das wird gebraucht:

800 g neue Kartoffeln
Salz
2 EL Sonnenblumenöl
1/2 TL Ingwerpulver
1 TL gemahlener Kardamom
1 Prise frisch geriebene Muskatnuss
1/4-1/2 Bund Koriander oder Petersilie
Pfeffer
Heinz Exotic Sauce

Zubereitungszeit: ca. 45 Minuten
Für 4 Personen
Pro Portion: ca. 470 kcal/ 1975 kJ

3

So wird's gemacht:

1. Die Kartoffeln waschen, mit der Schale in Spalten schneiden und in leicht gesalzenem Wasser zugedeckt ca. 12 Minuten kochen, abtropfen lassen.

2. Das Sonnenblumenöl in einer Pfanne erhitzen, Ingwer, Kardamom und Muskat reinrühren. Kartoffelspalten dazugeben. Bei mittlerer Hitze ca. 5 Minuten braten, bis sie goldgelb sind, Pfanne dabei ab und zu schwenken.

3. Inzwischen den Koriander oder die Petersilie kalt abbrausen, trockenschütteln und fein hacken. Unter die Kartoffeln mischen, mit Salz und Pfeffer abschmecken.

4. Heinz Exotic Sauce als Dip zu den warmen Kartoffelspalten servieren. Eventuell noch mit Kräuterblättchen garnieren.

Garlic Potato Wedges

4

Das wird gebraucht:

800 g neue Kartoffeln
Salz
5 EL Erdnussöl
1 TL Currypulver
1 Bund Petersilie
1 Frühlingszwiebel
Heinz Knoblauch Sauce

Zubereitungszeit: ca. 40 Minuten
Für 4 Personen
Pro Portion: ca. 295 kcal/ 1240 kJ

Tipp:
Die Garlic Potato Wedges passen toll zu Gegrilltem.

So wird's gemacht:

1. Die Kartoffeln waschen, mit der Schale in Spalten schneiden und in leicht gesalzenem Wasser zugedeckt ca. 12 Minuten kochen, abtropfen lassen.

2. Das Erdnussöl in einer Pfanne erhitzen, das Currypulver reinrühren. Kartoffelspalten ins Öl legen und bei mittlerer Hitze ca. 5 Minuten goldgelb braten.

3. Inzwischen die Petersilie kalt abspülen und trockenschütteln, fein hacken und über die Kartoffeln streuen. Mit Salz und Pfeffer abschmecken.

4. Frühlingszwiebel waschen und in feine Ringe schneiden. Auf die Heinz Knoblauch Sauce streuen und als Dip zu den Kartoffeln servieren.

Curry Wan Tans

Das wird gebraucht:

16 TK-Wan Tan Blätter
1 Schalotte
1 EL Öl
150 g Hackfleisch
5 EL Heinz Curry Sauce
Salz, Pfeffer
etwa 750 ml Pflanzenöl zum Frittieren
Heinz Sojasauce
Heinz Exotic Sauce

Zubereitungszeit: ca. 40 Minuten
Für 4 Personen
Pro Portion: ca. 625 kcal/ 2630 kJ

5

So wird's gemacht:

1. Die Wan Tan Blätter aus der Packung nehmen und auftauen lassen.

2. Inzwischen die Schalotte schälen und fein würfeln. Das Öl in einer Pfanne erhitzen, die Schalotte darin andünsten. Das Hackfleisch dazugeben und kräftig anbraten, dabei mit einem Holzlöffel fein zerteilen. Die Heinz Curry Sauce dazu geben und gut vermengen. Die Mischung mit Salz und Pfeffer würzen, vom Herd nehmen.

3. Den Wan Tan Teig auf der Arbeitsfläche ausbreiten. Die Fleischmasse mit einem Löffel in die Mitte der Blätter füllen. Den Rand leicht mit Wasser bepinseln, den Teig zu Dreiecken zusammenklappen und die Ränder fest andrücken.

4. Das Öl zum Frittieren in der Fritteuse auf ca. 170° aufheizen oder im Topf heiß werden lassen. Die Wan Tans reinlegen und in ca. 4 Minuten goldgelb backen. Auf Küchenpapier abfetten lassen, dann mit Sojasauce und Heinz Exotic Sauce als Dips servieren.

Fried Clams

Das wird gebraucht:

1 kg Clams oder Miesmuscheln
1 Zwiebel
3 Knoblauchzehen
1 Bund Suppengrün
2 EL Olivenöl
100 ml Weißwein
1 EL Essig
2 EL Heinz Hot Chili Sauce
1 EL Heinz Tomato Ketchup
einige Zweige Petersilie
150 g Semmelbrösel
100 g Butter
Salz, Pfeffer
Heinz Cocktail Sauce
Heinz Knoblauch Sauce

Zubereitungszeit: ca. 1 1/2 Stunden
Für 4 Personen (als Hauptgericht für zwei)
Pro Portion: ca. 485 kcal/ 2035 kJ

6

So wird's gemacht:

1. Die Muscheln gründlich abbürsten. Offene und zerbrochene wegwerfen. Muscheln gut abtropfen lassen.

2. Zwiebel und 2 Knoblauchzehen schälen, halbieren. Suppengrün putzen und klein schneiden. Öl im großen Topf erhitzen. Muscheln hineingeben, mit Weißwein ablöschen. Suppengrün, Zwiebel und Knoblauch hinzufügen. Mit 1/4 l Wasser auffüllen und aufkochen.

3. Die Muscheln abgießen, etwas abkühlen lassen und aus der Schale lösen. Geschlossene wegwerfen.

4. Den übrigen Knoblauch schälen und klein schneiden. Die Muscheln in einer Schüssel mit Essig, Chili Sauce, Ketchup und Knoblauch kurz marinieren.

5. Petersilie waschen und fein hacken, mit Semmelbröseln mischen. Die Muscheln darin wenden und in einer Pfanne in der Butter von beiden Seiten jeweils ca. 2 Minuten braten. Auf Küchenpapier kurz abfetten lassen und mit Salz und Pfeffer würzen. Mit Cocktail Sauce und mit Knoblauch Sauce servieren.

Potato Gratin with Cheddar

Das wird gebraucht:

200 ml Milch
Salz, Pfeffer
1 Prise frisch geriebene Muskatnuss
800 g fest kochende Kartoffeln
1 Flasche Heinz Knoblauch Sauce (180 ml)
1 EL Butter für die Form
100 g Cheddar oder Emmentaler

Zubereitungszeit: ca. 35 Minuten
Backzeit: ca. 1 Stunde
Für 4 Personen
Pro Portion: ca. 610 kcal/ 2560 kJ

Tipp:
Hübsch anzusehen: Gratin nach dem Backen mit Petersilienblättchen garnieren.

Happy 57!
Wer in den Genuss kommt, mit seinem Partner den 57ten Hochzeitstag feiern zu können, erhält eine tolle Überraschung von Heinz. Man muss nur die Heiratsurkunde und einen Brief mit der Unterschrift beider Eheleute zu Heinz an folgende Adresse schicken:
Happy 57th Anniversary H.J. Heinz Co.
P.O. Box 57
Pittsburgh, PA 15230-0057 USA

So wird's gemacht:

1. Den Backofen auf 180° vorheizen. Die Milch aufkochen und mit Salz, Pfeffer und Muskat würzen. Die Kartoffeln schälen, waschen und in dünne Scheiben schneiden. Mit der Knoblauch Sauce in die Milch geben und alles gut vermengen, vom Herd ziehen.

2. Eine Auflaufform mit der Butter ausstreichen, die Kartoffeln darin verteilen. Den Cheddar raspeln und auf der Oberfläche verteilen. Die Kartoffeln im Ofen (Umluft 160°) etwa 1 Stunde garen, bis sie weich und gebräunt sind.

Baked **Beans** with Maple Sirup

Das wird gebraucht:

1 Zwiebel
200 g roh geräucherter Schinken (z.B. Katenschinken)
1 EL Butterschmalz
1 Dose Heinz Bohnen (415 g)
2-3 EL Ahornsirup
Pfeffer

Zubereitungszeit: ca. 10 Minuten
Für 4 Personen
Pro Portion: ca. 230 kcal/ 965 kJ

Beanz meanz Heinz!
Die größten Fans der Baked Beans sind übrigens die Engländer. Auf die Frage, was sie am meisten bei einer Auswanderung vermissen würden, antwortete fast die Hälfte der Befragten: Baked Beans, natürlich!

So wird's gemacht:

1. Zwiebel schälen und fein hacken. Schinken vom Fettrand befreien, in kleine Würfel schneiden. Butterschmalz in einem Topf erhitzen, Zwiebel darin andünsten. Schinken dazugeben und kurz mitdünsten.

2. Heinz Bohnen mit dem Sud dazugeben und alles ca. 5 Minuten bei schwacher Hitze köcheln lassen. Ahornsirup unterrühren und die Bohnen mit frisch gemahlenem Pfeffer abschmecken.

Heinz Beans Salad

Das wird gebraucht:

2 Dosen Heinz Bohnen (je 415 g)
200 g fest kochende Kartoffeln
100 g durchwachsener Räucherspeck
2 Frühlingszwiebeln
1 Bund Rucola
1 Bund Petersilie
90 ml Heinz Tomato Ketchup
3 EL flüssiger Honig
2 Knoblauchzehen
Pfeffer

Zubereitungszeit: ca. 30 Minuten
Für 4 Personen
Pro Portion: ca. 515 kcal/ 2165 kJ

Tipp:
Festen Honig kurz erwärmen
und dann mit Ketchup mischen.

9

So wird's gemacht:

1. Bohnen in ein Sieb geben, mit kaltem Wasser kurz abspülen und gut abtropfen lassen. Kartoffeln schälen, in kleine Würfel schneiden und in leicht gesalzenem Wasser in ca. 12 Minuten gar kochen.

2. Den Speck ohne Schwarte würfeln und in einer Pfanne ohne Fett knusprig ausbraten, auf Küchenpapier abtropfen lassen. Frühlingszwiebeln waschen, putzen und in ganz feine Streifen schneiden. Rucola waschen, verlesen und auf vier Schalen verteilen. Wenn er sehr lang ist, vorher auf etwa 10 cm Länge kürzen. Petersilie waschen und fein hacken.

3. Heinz Tomato Ketchup mit dem Honig verrühren, Knoblauch schälen und dazupressen. Bohnen in das Dressing geben und auf die Rucola-Nester verteilen. Mit Speck, Frühlingszwiebeln, Petersilie und frisch gemahlenem Pfeffer bestreuen und servieren.

Thousand Island **Tuna Salad**

Das wird gebraucht:

1 Zwiebel
1 gelbe Paprikaschote
2 Strauchtomaten
1 Dose Tunfisch in Öl (125 g)
1/2 Eisbergsalat
1 Flasche Heinz Cocktail Sauce (180 ml)
2-3 EL Brandy
1 Bund Schnittlauch

Zubereitungszeit: ca. 15 Minuten
Für 4 Personen
Pro Portion: ca. 430 kcal/ 1850 kJ

10

Do the best you can,
where you are,
with what you have today.

So wird's gemacht:

1. Die Zwiebel schälen, halbieren und in dünne Streifen schneiden. Die Paprika waschen, halbieren, putzen und ebenfalls in Streifen schneiden.

2. Tomaten waschen, vom Stielansatz befreien und achteln. Tunfisch abtropfen lassen und in grobe Stücke zerpflücken.

3. Eisbergsalat grob zerkleinern und waschen, trockenschleudern, auf Tellern zu einem Nest anrichten. Tunfischstücke, Zwiebel und Paprika darauf verteilen.

4. Heinz Cocktail Sauce mit dem Brandy verrühren und über den Salat verteilen. Schnittlauch waschen und in Röllchen schneiden. Tomatenachtel auf dem Salat verteilen und mit dem Schnittlauch bestreuen.

Chicken Salad

11

Das wird gebraucht:

4 Hühnerbrüstchen
1 EL Öl
Salz, Pfeffer
200 g Maiskörner (Dose)
2 rote Paprikaschoten
2-3 Stangen Staudensellerie
1 dünne Stange Lauch oder 4 Frühlingszwiebeln
250 g Cocktailtomaten
1/2 Bund Petersilie
4 EL saure Sahne
6 EL Heinz Cocktail Sauce

Zubereitungszeit: ca. 1 Stunde
Für 4 Personen
Pro Portion: ca. 540 kcal/ 2270 kJ

So wird's gemacht:

1. Den Backofen auf 180° (Umluft 160°) vorheizen. Hühnerbrüstchen kalt abspülen und trockentupfen. Das Öl in einer Pfanne erhitzen und das Fleisch darin von beiden Seiten kräftig anbraten. Mit Salz und Pfeffer würzen. Dann in den Ofen schieben und in ca. 15 Minuten fertig garen. Zum Abkühlen in den Kühlschrank stellen.

2. Inzwischen den Mais in einem Sieb kalt abspülen, abtropfen lassen. Paprikaschoten waschen, halbieren, putzen und in kleine Würfel schneiden. Staudensellerie waschen und in kleine Stücke schneiden. Lauch oder Frühlingszwiebeln gründlich waschen und in Ringe schneiden. Cocktailtomaten waschen und halbieren. Petersilie waschen und fein hacken.

3. Saure Sahne und Heinz Cocktail Sauce verrühren. Gemüse und Petersilie dazugeben, vermengen und mit Salz und Pfeffer würzen.

4. Das abgekühlte Hähnchenfleisch in dünne Scheiben schneiden, auf dem Salat anrichten.

Fried Green Tomatoes

Das wird gebraucht:

300 g grüne Tomaten
2 EL Mehl
2 Eier
Heinz Hot Ketchup
70 g Semmelbrösel
50 g Maismehl
1 Prise Zucker
Salz, Pfeffer
2-3 EL Butter zum Braten

Zubereitungszeit: ca. 30 Minuten
Für 4 Personen
Pro Portion: ca. 280 kcal/ 1175 kJ

12

So wird's gemacht:

1. Die Tomaten waschen, vom Stielansatz befreien und quer in fingerdicke Scheiben schneiden. Von beiden Seiten mit dem Mehl bestäuben.

2. Eier und 1 EL Heinz Hot Ketchup in einem Teller verquirlen. Semmelbrösel, Maismehl und Zucker in einem anderen Teller vermengen.

3. Die Tomatenscheiben salzen und pfeffern. Erst durch die Eiermischung ziehen, dann in den Semmelbröseln wenden. Die Butter in einer Pfanne erhitzen, die Scheiben darin bei mittlerer Hitze von beiden Seiten braten, bis sie schön braun sind. Auf Küchenpapier kurz abfetten lassen, dann mit Heinz Hot Ketchup servieren.

"Hot" Pumpkin Chutney

Das wird gebraucht:

1 kg Muskat-Kürbis (ungeputzt, oder 500 g aus dem Glas)
2 Gemüsezwiebeln
10 g frischer Ingwer
1 EL Öl
200 g Gelierzucker
1/8 l Weißweinessig
150 ml Weißwein
6 EL Heinz Tomato Ketchup
2 Gewürznelken
2 Lorbeerblätter
1 Zimtstange
1-2 getrocknete Chilischoten
Salz

Zubereitungszeit: ca. 1 Stunde
Garzeit: ca. 15 Minuten
Für 4 Personen
Pro Portion: ca. 350 kcal/ 1470 kJ

13

So wird's gemacht:

1. Kürbis von den Kernen befreien, schälen und in kleine Würfel schneiden. Die Zwiebeln schälen und würfeln. Ingwer schälen und fein reiben.

2. Das Öl in einem großen Topf erhitzen. Zwiebelwürfel darin andünsten. Den Gelierzucker dazugeben und leicht schmelzen lassen. Mit Weißweinessig und Weißwein auffüllen. Heinz Tomato Ketchup und Kürbiswürfel in den Topf geben. Ingwer, Nelken, Lorbeer, Zimt, Chilischoten und 1 Prise Salz zufügen.

3. Alles einmal aufkochen, zugedeckt bei schwacher Hitze ca. 15 Minuten köcheln lassen. Heiß in Einmachgläser füllen, verschließen und kühl aufbewahren.

KETCHUP

Beefy Nachos San Antonio

Das wird gebraucht:

150 g Rinderfilet
2 EL Sonnenblumenöl
Salz, Pfeffer
1 Chilischote
90 ml Heinz Tomato Ketchup
1 kleine Packung Nacho Chips
100 g Emmentaler
eventuell 1/2 Bund Petersilie

Zubereitungszeit: ca. 30 Minuten
Für 4 Personen
Pro Portion: ca. 270 kcal/ 1135 kJ

14

Back to the Roots
Henry John Heinz hat trotz aller unternehmerischer Erfolge nie den Blick fürs Wesentliche verloren: So beginnt jeder Tagebucheintrag mit einer Notiz zum Wetter und den nationalen Erntebedingungen.

So wird's gemacht:

1. Den Backofen auf 250° (Umluft 230°) vorheizen. Das Rinderfilet erst in Scheiben, dann in 5 cm lange, dünne Streifen schneiden. Öl in einer flachen Pfanne erhitzen, das Fleisch darin scharf anbraten, mit Salz und Pfeffer würzen. Aus der Pfanne nehmen.

2. Chili waschen, putzen und in feine Würfel schneiden. In derselben Pfanne kurz dünsten. Heinz Tomato Ketchup dazugeben, 2 Minuten bei mittlerer Hitze einkochen lassen. Rindfleisch dazugeben, gut unterrühren und auf die Nacho Chips verteilen.

3. Den Käse in dünne, etwa chipsgroße Scheiben schneiden, jeden Chip mit Käse belegen, auf das Backblech setzen und im heißen Ofen ca. 3 Minuten überbacken.

4. Nach Wunsch die Petersilie waschen, fein hacken und über die heißen Chips streuen.

Warm als Appetizer servieren.

American Classics

HEINZ

Man muss sie fest in die Hand nehmen

und erst mal ein wenig bewundernd hin und her drehen

und schließlich gaaanz weit den Mund aufsperren

und richtig reinbeißen: Dann erlebt man ihn, den echt

amerikanischen Mega-Genuss mit Burger,

Sandwich und Co.!

All American Burger

Das wird gebraucht:

600 g mageres Rinder- oder Schweinehackfleisch
Salz, Pfeffer
1 Zwiebel
1/4 Eisbergsalat
2 Strauchtomaten
2 Essiggurken
2 EL Erdnussöl
4 große Hamburgerbrötchen
4 EL Heinz Tomato Ketchup

Zubereitungszeit: ca. 20 Minuten
Kühlzeit: ca. 30 Minuten
Für 4 Personen
Pro Portion: ca. 560 kcal/ 2350 kJ

15

Rekordverdächtig
Ungefähr zwei Millionen Tonnen Tomaten verarbeitet die H.J. Heinz Company pro Jahr zu Heinz Tomato Ketchup und seinen Geschwistern.

So wird's gemacht:

1. Hackfleisch mit Salz und Pfeffer würzen, zu 4 Bällen formen und leicht flach drücken. Nebeneinander auf eine Platte legen und im Kühlschrank ca. 30 Minuten zugedeckt stehen lassen.

2. Zwiebel schälen und in Ringe schneiden. Eisbergsalat auseinander lösen. Tomaten waschen, mit den Essiggurken in Scheiben schneiden.

3. Eine Grillpfanne mit dem Erdnussöl erhitzen, die Hamburger darin je nach gewünschter Garstufe auf jeder Seite 3-8 Minuten braten. Zwiebel in der Pfanne kurz mitbraten.

4. Möglichst gleichzeitig Hamburgerbrötchen halbieren und toasten oder in einer anderen Pfanne rösten. Die unteren Hälften mit Salatblättern belegen. Die Burger und die Zwiebelringe darauf verteilen. Tomaten und Gurken darauf legen. Je 1 Esslöffel Heinz Tomato Ketchup darüberlöffeln und die zweite Brötchenhälfte darauf legen.

Mexican Burger

Das wird gebraucht:

1 Knoblauchzehe
500 g mageres Rinder- oder Schweinehackfleisch
2 Eier
2 EL Dijonsenf
3 EL Semmelbrösel
Salz, Pfeffer
1 Spritzer Tabasco
1 kleine Zwiebel
1 EL Olivenöl
1 EL Tomatenmark
1/2 Dose Heinz Bohnen (ca. 200 g)
100 g Maiskörner (aus der Dose)
250 ml Heinz Hot Ketchup
2 EL Sonnenblumenöl
4 Hamburgerbrötchen

Zubereitungszeit: ca. 40 Minuten
Kühlzeit: ca. 30 Minuten
Für 4 Personen
Pro Portion: ca. 920 kcal/ 3865 kJ

16

So wird's gemacht:

1. Knoblauch schälen und durchpressen. Mit Hackfleisch, Eiern, Senf und Semmelbröseln gut vermengen, mit Salz, Pfeffer und Tabasco abschmecken. 4 Bälle formen, flach drücken und ca. 30 Minuten kalt stellen.

2. Die Zwiebel schälen und fein würfeln. Das Olivenöl erhitzen und die Zwiebel darin andünsten, Tomatenmark dazugeben, kurz mitdünsten. Bohnen, Maiskörner und Hot Ketchup dazugeben, alles ca. 5 Minuten bei schwacher Hitze köcheln lassen.

3. Für die Hamburger das Sonnenblumenöl in einer Bratpfanne erhitzen, die Fleischfladen darin bei mittlerer Hitze je nach gewünschter Garstufe pro Seite 3-8 Minuten braten, vorsichtig wenden.

4. Möglichst gleichzeitig die Brötchen halbieren und leicht toasten oder in einer anderen Pfanne rösten. Hamburger darauf setzen, mit der Hot Ketchup-Bohnen-Sauce begießen und die zweite Brötchenhälfte auflegen.

Bacon Cheeseburger

17

Das wird gebraucht:

1 Knoblauchzehe
600 g mageres Rinder- oder Schweinehackfleisch
2 Eier
2 EL Dijonsenf
3 EL Semmelbrösel
Salz, Pfeffer
1 Spritzer Tabasco
4 Scheiben Frühstücksspeck (Bacon)
2 Essiggurken
1/2 Salatkopf (Frisee oder Eisberg)
2 EL Erdnussöl
4 Hamburgerbrötchen
90 ml Heinz Tomato Ketchup
4 Scheiben Cheddar oder Emmentaler

Zubereitungszeit: ca. 25 Minuten
Kühlzeit: ca. 30 Minuten
Für 4 Personen
Pro Portion: ca. 1010 kcal/ 4240 kJ

So wird's gemacht:

1. Knoblauch schälen und durchpressen. Mit Hackfleisch, Eiern, Senf und Semmelbröseln gut vermengen, mit Salz, Pfeffer und Tabasco würzen. Aus dem Fleischteig 4 Bälle formen, flach drücken und ca. 30 Minuten kalt stellen.

2. Inzwischen die Speckscheiben halbieren und in einer Pfanne bei mittlerer Hitze ohne Fettzugabe knusprig braten. Essiggurken in Scheiben schneiden. Salatblätter ablösen, waschen, trockenschwenken.

3. Öl in einer Pfanne erhitzen, die Hamburger darin bei mittlerer Hitze je nach gewünschter Garstufe pro Seite 3-8 Minuten braten, vorsichtig wenden.

4. Möglichst gleichzeitig Brötchen halbieren und leicht toasten oder in einer anderen Pfanne rösten. Die unteren Hälften mit Heinz Tomato Ketchup bestreichen, Salatblätter, Gurkenscheiben, Hamburger, Käse und Speck drauflegen, mit der zweiten Brötchenhälfte belegen und servieren.

Blue Cheeseburger

Das wird gebraucht:

1 Knoblauchzehe
500 g mageres Rinder- oder Schweinehackfleisch
2 Eier
2 EL Dijonsenf
3 EL Semmelbrösel
Salz, Pfeffer
2 EL Sonnenblumenöl
4 Hamburgerbrötchen (eventuell mit Sesam)
4 EL Heinz Tomato Ketchup
4 große Salatblätter
100 g Roquefort

Zubereitungszeit: ca. 30 Minuten
Kühlzeit: ca. 30 Minuten
Für 4 Personen
Pro Portion: ca. 665 kcal/ 2795 kJ

18

So wird's gemacht:

1. Knoblauch schälen und durchpressen, mit Hackfleisch, Eiern, Senf und Semmelbröseln gut vermengen, mit Salz und Pfeffer abschmecken. Aus dem Fleischteig 4 Bälle formen, flach drücken und ca. 30 Minuten kalt stellen.

2. Öl in einer Bratpfanne erhitzen, die Hamburger darin bei mittlerer Hitze je nach gewünschter Garstufe pro Seite 3-8 Minuten braten, vorsichtig wenden.

3. Möglichst gleichzeitig Brötchen halbieren und leicht toasten oder in einer anderen Pfanne rösten. Die unteren Hälften mit Heinz Tomato Ketchup bestreichen und mit je 1 Salatblatt belegen, Hamburger draufsetzen.

4. Den Roquefort in dünne Scheiben schneiden, auf die Hamburger legen und im heißen Ofen bei 250° starker Oberhitze überbacken oder in der Pfanne noch 3-5 Minuten schmelzen lassen. Zweite Brötchenhälfte darauf legen und servieren.

Mega BLT

Das wird gebraucht:

12 Scheiben Frühstücksspeck (Bacon)
3 Strauchtomaten
8 Scheiben Landbrot oder Roggenbrot
4 EL Heinz Knoblauch Sauce
16 Basilikumblätter
schwarzer Pfeffer

Zubereitungszeit: ca. 15 Minuten
Für 4 Personen
Pro Portion: ca. 780 kcal/ 3275 kJ

Tipp:
BLT heißt eigentlich "Bacon Lettuce and Tomato". Diese Megaversion mit Basilikum schmeckt uns aber noch besser. Das Basilikum können Sie auch durch Kopfsalatblätter ersetzen.

19

So wird's gemacht:

1. Den Backofen auf 220° (Umluft 200°) vorheizen. Den Speck in einer Pfanne bei mittlerer Hitze ohne Fett knusprig braten, auf Küchenpapier abtropfen lassen.

2. Inzwischen die Tomaten waschen, vom Stielansatz befreien und in Scheiben schneiden.

3. Die Brotscheiben auf das Backblech legen und im Ofen ca. 3 Minuten toasten. Die Scheiben mit Heinz Knoblauch Sauce bestreichen. Die Hälfte der Scheiben mit Tomaten, Basilikum und Speck belegen, mit Pfeffer bestreuen. Mit einer zweiten Brotscheibe abdecken, halbieren und servieren.

Pastrami Submarine

Das wird gebraucht:

1 Baguette
4 EL Heinz Tomato Ketchup
360 g Pastrami oder Corned Beef
200 g Emmentaler
4 TL Senf

Zubereitungszeit: ca. 15 Minuten
Backzeit: ca. 15 Minuten
Für 4 Personen
Pro Portion: ca. 460 kcal/ 1930 kJ

Tomatenrot
Verantwortlich für das Rot der Tomaten ist Lycopin, ein Antioxidans und so genannter sekundärer Pflanzenstoff. Seit einigen Jahren wird seine vermutlich die Herzkranzgefäße schützende und krebshemmende Wirkung in zahlreichen Studien weltweit untersucht.
Eines steht schon jetzt fest: In verarbeiteten und also erhitzten Tomatenprodukten wie z.B. Ketchup oder Tomatensuppe ist die Konzentration an Lycopin deutlich höher als in rohen Tomaten.

So wird's gemacht:

1. Den Backofen auf 180° (Umluft 160°) vorheizen. Das Baguettebrot längs halbieren, mit Heinz Tomato Ketchup bestreichen.

2. Pastrami oder Corned Beef und Käse in dünne Scheiben schneiden. Eine Baguettehälfte erst mit Pastrami, dann mit dem Käse belegen.

3. Im Ofen ca. 15 Minuten überbacken, bis der Käse leicht schmilzt. Während der letzten 5 Minuten auch die unbelegte Brothälfte mit in den Ofen legen.

4. Die zweite Baguettehälfte mit Senf bestreichen und auf das Sandwich setzen. In vier Teile schneiden und servieren.

Chicken Submarine

Das wird gebraucht:

80 g Parmesan am Stück
2 Hühnerbrüstchen (ca. 300 g)
Salz, Pfeffer
1 EL Sonnenblumenöl
1 Bund Rucola
1 Baguette
4 EL Heinz Tomato Ketchup
1 EL Aceto Balsamico
1 Knoblauchzehe

Zubereitungszeit: ca. 40 Minuten
Für 4 Personen
Pro Portion: ca. 490 kcal/ 2060 kJ

Submarine kommt von Submarine, einem U-Boot also, weil diese Sandwiches so ähnlich aussehen.

21

So wird's gemacht:

1. Den Backofen auf 170° (Umluft 150°) vorheizen. Den Parmesan in dünne Scheiben schneiden. Hühnerbrüstchen mit Salz und Pfeffer würzen, in einer Pfanne im heißen Sonnenblumenöl von beiden Seiten gut anbraten.

2. Das Fleisch in der Pfanne (falls sie einen feuerfesten Griff hat) oder in einer feuerfesten Form mit den Käsescheiben belegen, im Ofen ca. 10 Minuten überbacken.

3. Inzwischen Rucola verlesen, waschen und in 5 cm lange Stücke schneiden. Baguette längs halbieren, Unterseite mit Heinz Tomato Ketchup bestreichen. Rucola darauf verteilen, mit Balsamico besprenkeln und mit Pfeffer bestreuen.

4. Überbackene Hähnchenbrust in Scheiben schneiden und darauf legen. Knoblauch schälen, die obere Brothälfte damit einreiben und auf die untere Hälfte setzen. In vier Stücke schneiden und servieren.

Curry Fruit Sandwich

Das wird gebraucht:

2 Granny Smith Äpfel
1 Banane
1 Frühlingszwiebel
1 EL Sonnenblumenöl
1 TL Currypulver
Saft von 1 Zitrone
1/2 Bund Koriander
1/2 Flasche Heinz Curry Sauce (90 ml)
1 Fladenbrot

Zubereitungszeit: ca. 20 Minuten
Für 4 Personen
Pro Portion: ca. 215 kcal/ 905 kJ

22

So wird's gemacht:

1. Die Äpfel waschen, vierteln, vom Kernhaus befreien und in dünne Scheiben schneiden. Banane schälen und ebenfalls in Scheiben schneiden.

2. Frühlingszwiebel waschen, putzen und in Streifen schneiden. Sonnenblumenöl in einer Pfanne erhitzen. Frühlingszwiebel und die Früchte kurz darin andünsten, mit Currypulver bestäuben und mit dem Zitronensaft mischen. Ca. 5 Minuten bei schwacher Hitze garen, dann zugedeckt warm stellen.

3. Während die Früchte garen, Koriander waschen, trockenschwenken und fein hacken. Mit der Heinz Curry Sauce mischen. Fladenbrot halbieren und mit der Sauce bestreichen. Die lauwarmen Früchte darauf verteilen. Den Deckel auflegen und das Fladenbrot vierteln.

Tuna Sandwich

Das wird gebraucht:

2 Dosen Tunfisch in Öl (à 150 g)
1 rote Zwiebel
2 EL Weißweinessig
Salz, Pfeffer
1/2 Eisbergsalat
2 Strauchtomaten
1 Baguette
1/2 Flasche Heinz Knoblauch Sauce (90 ml)
Zubereitungszeit: ca. 15 Minuten
Für 4 Personen
Pro Portion: ca. 430 kcal/ 1805 kJ

23

So wird's gemacht:

1. Den Tunfisch gut abtropfen lassen, in einer Schüssel mit einer Gabel in kleine Stücke zerpflücken. Die Zwiebel schälen und fein würfeln, mit dem Essig zum Tunfisch geben. Mit Salz und Pfeffer abschmecken.

2. Den Eisbergsalat auseinander lösen, waschen und in feine Streifen schneiden. Die Tomaten waschen, vom Stielansatz befreien und in Scheiben schneiden.

3. Das Baguette längs halbieren, beide Hälften mit der Knoblauch Sauce bestreichen. Den Salat auf die untere Hälfte geben, Tunfisch darauf verteilen, dann die Tomatenscheiben. Mit Pfeffer bestreuen, Deckel draufsetzen und das Brot in 4 Stücke schneiden.

Summer Cheese Sandwich

Das wird gebraucht:

2 Frühlingszwiebeln
1 EL Olivenöl
8 getrocknete Tomaten in Öl
1 Tasse schwarze Oliven
8 Scheiben Toastbrot
4 EL Heinz Tomato Ketchup
8 Basilikumblätter
4 Scheiben Gouda

Zubereitungszeit: ca. 20 Minuten
Für 4 Personen
Pro Portion: ca. 265 kcal/ 1115 kJ

24

So wird's gemacht:

1. Den Backofen auf 190° (Umluft 170°) vorheizen.

2. Die Frühlingszwiebeln waschen, putzen und in ca. 5 cm lange Stücke schneiden. Olivenöl in einer Pfanne erhitzen und die Frühlingszwiebeln darin ca. 5 Minuten bei mittlerer Hitze braten.

3. Inzwischen die Tomaten abtropfen lassen und halbieren. Die Oliven entsteinen, in Scheiben schneiden.

4. 4 Toastscheiben leicht antoasten, mit Heinz Tomato Ketchup bestreichen. Zwiebeln, Tomaten, Oliven und Basilikum darauf verteilen und mit je 1 Käsescheibe belegen.

5. Die Toasts im Ofen ca. 3 Minuten backen. Die übrigen Toastscheiben drauf legen und alles noch ca. 2 Minuten backen. Aus dem Ofen nehmen und eventuell zu Dreiecken halbieren.

Vegi Sandwich

Das wird gebraucht:

1 kleine Aubergine
1 Zucchino
2 EL Olivenöl
2 Strauchtomaten
Salz, Pfeffer
1 Bund Rucola
1 EL Aceto Balsamico
1/2 Flasche Heinz Mediterrane Olivensauce (90 ml)
1 Ciabatta Brot

Zubereitungszeit: ca. 40 Minuten
Für 4 Personen
Pro Portion: ca. 230 kcal/ 965 kJ

25

So wird's gemacht:

1. Aubergine und Zucchino waschen und in dünne Scheiben schneiden. Grillpfanne auf dem Herd erhitzen, 1 EL Olivenöl hineingeben. Das Gemüse bei mittlerer Hitze von beiden Seiten in 5-10 Minuten braun braten. Tomaten waschen und in Scheiben schneiden, ca. 1 Minute mitbraten. Mit Salz und Pfeffer würzen.

2. Das Gemüse auf einen flachen Teller legen und auskühlen lassen. Den Rucola verlesen, waschen und trockenschwenken, in einer Schüssel mit dem Grillgemüse mischen und mit Balsamico und übrigem Olivenöl beträufeln, gut vermengen.

3. Das Ciabattabrot längs halbieren, mit Mediterraner Olivensauce bestreichen und mit der Gemüsemischung bedecken. Die Deckel aufsetzen und das Brot in 4 Stücke schneiden.

Classic **Hot Dog**

26 27

Das wird gebraucht:

2 Zwiebeln
1 EL Butterschmalz
4 Wiener Würstchen
2 Essiggurken
4 Hot Dog Brötchen
4 EL Heinz Tomato Ketchup

Zubereitungszeit: ca. 20 Minuten
Für 4 Personen
Pro Portion: ca. 420 kcal/ 1765 kJ

Variante 27: Chili Hot Dog
100 g gekochtes Sauerkraut in 100 ml Gemüsebrühe erhitzen. 4 Wiener Würstchen warm machen. 4 Hot Dog Brötchen längs aufschneiden, mit 4 EL Heinz Hot Chili Sauce bestreichen. Würstchen drauflegen. Sauerkraut abtropfen lassen und darüber geben. Zusammenklappen.

So wird's gemacht:

1. Zwiebeln schälen, halbieren und in dünne Streifen schneiden. Butterschmalz in einer Pfanne erhitzen, die Zwiebeln darin bei mittlerer Hitze ca. 10 Minuten garen und leicht bräunen.

2. Würstchen in warmem Wasser erhitzen, nicht kochen lassen. Essiggurken in dünne Scheiben schneiden. Brötchen längs aufschneiden und aufklappen. Mit dem Ketchup bestreichen. Würstchen abtropfen lassen und darauflegen, mit den Gurkenscheiben und den warmen Zwiebeln belegen. Zusammenklappen und gleich servieren.

Heinz **Bagel**

Das wird gebraucht:

4 Bagels (fertig gekauft)
8 Scheiben Frühstücksspeck (Bacon)
4 Kopfsalatblätter
2 Tomaten
2 hartgekochte Eier
Mayonnaise zum Bestreichen
Salz, Pfeffer
8 Scheiben Corned Beef
4 EL Heinz Tomato Ketchup

Zubereitungszeit: ca. 20 Minuten
Für 4 Personen
Pro Portion: ca. 590 kcal/ 2480 kJ

28

So wird's gemacht:

1. Den Backofen auf 200° (Umluft 180°) vorheizen. Die Bagels darin in wenigen Minuten aufbacken, dann auseinanderschneiden.

2. Den Speck in einer Pfanne ohne Fett bei mittlerer Hitze knusprig braten, zum Abtropfen auf Küchenpapier legen.

3. Salatblätter waschen und trockenschleudern. Tomaten waschen und in Scheiben schneiden. Eier schälen und in Scheiben teilen. Besonders gut geht das mit dem Eierschneider.

4. Die unteren Bagelhälften mit etwas Mayo bestreichen und mit Salat belegen. Tomaten- und Eierscheiben darauf verteilen. Mit Salz und Pfeffer würzen. Darauf den Speck und das Corned Beef legen. Jeweils 1 EL Heinz Tomato Ketchup darüberträufeln und die oberen Bagelhälften auflegen.

Shrimps Cocktail Cantaloupes

Das wird gebraucht:

400 g geschälte und gegarte Garnelen (Shrimps)
1 Knoblauchzehe
2 Frühlingszwiebeln
1 Bund Dill
1 Cantaloupe Melone
1 große Zitrone
2 EL (2 cl) Cognac
8 EL Heinz Cocktail Sauce
Cayennepfeffer
1/2 Kopfsalat

Zubereitungszeit: ca. 40 Minuten
Für 4 Personen
Pro Portion: ca. 315 kcal/ 1330 kJ

29

So wird's gemacht:

1. Die Garnelen unter kaltem Wasser abbrausen und auf Küchenpapier zum Abtropfen legen. Die Knoblauchzehe schälen, halbieren und eine Schüssel mit den Schnittflächen ausreiben. Die Garnelen hineinfüllen.

2. Die Frühlingszwiebeln gründlich waschen, in dünne Ringe schneiden. Den Dill zupfen, etwas zum Dekorieren beiseite legen, den restlichen Dill fein hacken. Beides zu den Garnelen geben.

3. Die Melone halbieren, die Kerne entfernen und das Fruchtfleisch mit einem Kugelausstecher aus den Schalen stechen. Die Zitrone halbieren, eine Hälfte auspressen, die andere in Scheiben schneiden. Die Melonenkugeln mit dem Cognac, Zitronensaft und der Cocktail Sauce mischen. Mit Cayenne würzen.

4. Salat waschen und trockenschleudern. In Stücke zupfen. Zuerst etwas Salat in ein Cocktailglas geben und die marinierten Garnelen darauf verteilen. Mit Zitronenscheiben und Dill garnieren.

Tortillas Rancheros

Das wird gebraucht:

2 Zwiebeln
1 Knoblauchzehe
100 g Frühstücksspeck (Bacon)
je 1 rote und grüne Paprikaschote
300 g Rinderhackfleisch
4 EL Heinz Hot Chili Sauce
4 EL Heinz Tomato Ketchup
1 Prise getrockneter Majoran
Salz, Pfeffer
Chilipulver nach Geschmack
8 Tortillas aus Maismehl (fertig gekauft)
8 Zahnstocher
4 EL Öl

Zubereitungszeit: ca. 30 Minuten
Für 4 Personen
Pro Portion: ca. 560 kcal/ 2360 kJ

TIPP:
Tortillas mit saurer Sahne, geriebenem Käse und frischen Korianderblättchen auf klein geschnittenem Salat servieren.

So wird's gemacht:

1. Zwiebeln und Knoblauch schälen und mit dem Speck fein würfeln. Paprikaschoten waschen, halbieren, putzen und in kleine Würfel schneiden.

2. Den Speck in einer großen Pfanne anbraten. Das Rinderhack dazugeben und kräftig anbraten, bis es nicht mehr rot ist. Zwiebeln und Knoblauch hinzufügen und glasig dünsten. Paprika kurz mitdünsten.

3. Die Fleischmischung mit Majoran, Salz, Pfeffer und Chilipulver abschmecken. Hot Chili Sauce und Tomato Ketchup dazugeben und bei schwacher Hitze noch kurz köcheln lassen.

4. Die Tortillas auf der Arbeitsfläche ausbreiten und die Hackfleischmasse auf dem unteren Teil verteilen. Die Tortillas fest andrücken und zusammenrollen. Jeweils mit einem Zahnstocher befestigen.

5. Das Öl in einer großen Pfanne erhitzen, die Tortillas darin von beiden Seiten bei mittlerer Hitze braten. Auf Küchenpapier kurz abtropfen lassen.

Main Dishes

HEINZ

Spicy! Hot! Great!

Chili con carne, bis die Feuerwehr kommt,

Fish Fingers für die Jungs von der Navy,

und Lobster Sunrise, bis man zart errötet ...

Kentucky Fried **Chicken**

Das wird gebraucht:

1 Hähnchen (mindestens 1200 g oder 800 g Hähnchenbrüste)
1 Ei
50 ml Milch
2 EL Heinz Hot Ketchup
Salz
Cayennepfeffer
2-3 EL Mehl
200 ml Öl

Zubereitungszeit: ca. 45 Minuten
Für 4 Personen
Pro Portion: ca. 460 kcal/ 1940 kJ

Da sieht man rot! Hier das offizielle Ranking für den Heinz Ketchup Verbrauch innerhalb Europas:
1. Schweden
2. Finnland
3. Norwegen
4. Irland
...
10. Deutschland

31

So wird's gemacht:

1. Das Hähnchen in Stücke schneiden, zuerst die Brüste, dann die Flügel und zum Schluss die Keulen abtrennen. Die Keulen und Brüste halbieren, alles kurz unter kaltem Wasser abbrausen und mit Küchenpapier trockentupfen.

2. Ei, Milch und Heinz Hot Ketchup in einer Schüssel gut vermengen und die Hühnerteile darin wenden. Kurz marinieren lassen, wieder herausnehmen und mit Salz und Cayennepfeffer würzen. Von beiden Seiten mit Mehl bestäuben.

3. Das Öl in einem Bräter oder einer großen Pfanne erhitzen und die Geflügelteile darin bei mittlerer Hitze in 10-15 Minuten goldgelb backen. Das Fleisch dabei ab und zu wenden und darauf achten, dass das Öl nicht zu heiß wird. Die Hähnchenteile zum Abtropfen auf Küchenpapier legen.

Dazu passen gut Heinz Barbecue Sauce und Heinz Hot Chili Sauce.

Spicy Fried **Chicken**

Das wird gebraucht:

2 EL frische oder eingelegte grüne Pfefferkörner
1 TL Cayennepfeffer
3 EL grobkörniger Senf
3 EL Rotweinessig
2 doppelte Hühnerbrüstchen (ca. 600 g)
1 EL Sonnenblumenöl
1 TL Salz
1 Flasche Heinz Drei Pfeffer Sauce (180 ml)

Zubereitungszeit: ca. 30 Minuten
Marinierzeit: ca. 30 Minuten
Für 4 Personen
Pro Portion: ca. 580 kcal/ 2435 kJ

Tipp:
Wer will, kann noch mit ganzen Pfefferkörnern garnieren.

32

So wird's gemacht:

1. Die Pfefferkörner zerdrücken (Mörser oder breiter Messerrücken) und in einer Schüssel mit Cayennepfeffer, Senf und Essig vermengen. Die Hühnerbrüstchen darin wenden, zugedeckt ca. 30 Minuten marinieren.

2. Dann den Ofen auf 180° (Umluft 160°) vorheizen. Das Sonnenblumenöl in einer backofenfesten Pfanne (ohne Plastikgriffe!) erhitzen. Das Hähnchenfleisch aus der Marinade nehmen und im Öl bei mittlerer Hitze von beiden Seiten gut anbraten, salzen.

3. Das Hähnchenfleisch in den Ofen schieben und noch ca. 15 Minuten garen, dabei immer mal wieder mit der Marinade bestreichen.

4. Die Pfeffer Sauce leicht erwärmen und auf Teller verteilen. Die Hühnerbrüstchen halbieren, auf der Sauce anrichten.

Heinz Pizza

33

Das wird gebraucht:

Für den Teig:
25 g frische Hefe
300 g Mehl
1 kräftige Prise Salz
1 Ei
4 EL Olivenöl
1 Knoblauchzehe

Zubereitungszeit: ca. 55 Minuten
Gehzeit: ca. 45 Minuten
Backzeit: ca. 25 Minuten
Für 4 Personen
Pro Portion: ca. 925 kcal/ 3885 kJ

Belag:
200 ml Heinz Tomato Ketchup
10 Oliven ohne Stein
1 große Zwiebel
2 Paprikaschoten
1 EL Olivenöl
200 g frische Champignons
100 g Maiskörner (aus der Dose)
200 g Chorizo oder andere Knoblauchwurst
250 g Mozzarella
Salz, Pfeffer
1 Prise getrockneter Oregano

So wird's gemacht:

1. Die Hefe in 100 ml lauwarmem Wasser auflösen. Mehl mit dem Salz in eine Schüssel geben. Das Hefewasser, Ei und 3 EL Olivenöl hinzufügen und alles kräftig zu einem glatten Teig verkneten. Zugedeckt an einem warmen Ort ca. 45 Minuten gehen lassen, bis er doppelt so groß ist.

2. Den Knoblauch schälen und halbieren. Das Backblech mit den Schnittflächen einreiben, mit dem übrigen Öl bepinseln.

3. Den Teig auf wenig Mehl ausrollen und auf das Blech legen. Heinz Tomato Ketchup auf dem Teig verstreichen. Oliven in Scheiben schneiden und auf dem Blech verteilen. Den Backofen auf 220° vorheizen.

4. Zwiebel schälen, Paprika waschen und putzen, beides in Streifen schneiden und im Öl unter Rühren kurz andünsten. Champignons putzen, in Scheiben schneiden und mit dem Mais und der Paprikamischung auf dem Teig verteilen.

5. Chorizo und Mozzarella in Scheiben schneiden und ebenfalls darauf legen. Mit Salz, Pfeffer und Oregano würzen. Die Pizza im heißen Ofen (Umluft 200°) ca. 25 Minuten backen.

Curry **Beef Saté**

Das wird gebraucht:

4 EL Heinz Sojasauce
180 ml Heinz Curry Ketchup
1 EL Zucker
2 EL Rotweinessig
2 EL Sesamöl
1 TL Madras Currypulver
4 Rinderhüftsteaks ohne Fett
Holz- oder Metallspieße

Zubereitungszeit: ca. 30 Minuten
Marinierzeit: ca. 1 Stunde
Für 4 Personen
Pro Portion: ca. 545 kcal/ 2290 kJ

Tipp:
Die Holzspieße vor dem Grillen in kaltem Wasser einweichen.

34

So wird's gemacht:

1. Für die Marinade Sojasauce, Curry Ketchup, Zucker, Rotweinessig, Sesamöl und Currypulver anrühren.

2. Die Steaks vierteln, in die Marinade legen und ca. 1 Stunde zugedeckt im Kühlschrank marinieren.

3. Die Fleischstücke aus der Marinade nehmen und auf Holz- oder Metallspieße stecken. Eine Grillpfanne aufheizen und die Spieße bei starker Hitze ca. 10 Minuten braten, dabei gelegentlich wenden und immer wieder mit der Marinade bestreichen.

Dazu schmeckt Wokgemüse.

Firehouse Chili con Carne

Das wird gebraucht:

2 rote Zwiebeln
3 Knoblauchzehen
1 rote Paprikaschote
1 gelbe Paprikaschote
1 rote Chilischote
2 EL Olivenöl
400 g Rinder- oder Schweinehackfleisch
Salz, Pfeffer
1 TL rosenscharfes Paprikapulver
2 EL Tomatenmark
3 Strauchtomaten
200 ml kräftiger Rotwein
300 ml Gemüsebrühe oder -fond
400 g fest kochende Kartoffeln
1 Dose Kidneybohnen (415 g)
180 g Heinz Tomato Ketchup

Zubereitungszeit: ca. 50 Minuten
Für 4 Personen
Pro Portion: ca. 755 kcal/ 3170 kJ

35

So wird's gemacht:

1. Zwiebeln und Knoblauch schälen und fein würfeln. Paprikaschoten und Chilischote waschen, putzen und in feine Würfel schneiden.

2. In einem größeren Topf 1 EL Olivenöl erhitzen. Zwiebeln und Knoblauch darin andünsten. Paprika und Chili dazugeben und bei mittlerer Hitze ca. 5 Minuten mitdünsten.

3. Hackfleisch mit Salz, Pfeffer und Paprikapulver würzen und im restlichen Öl scharf anbraten, bis das Fleisch leicht gebräunt ist, Tomatenmark unterrühren. Tomaten waschen, in grobe Würfel schneiden und mit dem gedünsteten Gemüse zum Fleisch geben.

4. Rotwein und Gemüsebrühe angießen. Die Kartoffeln schälen, waschen und in kleine Würfel schneiden, dazugeben. Alles einmal aufkochen, bei schwacher Hitze zugedeckt ca. 15 Minuten schmoren.

5. Zum Schluss die Bohnen und Heinz Tomato Ketchup dazugeben, mit Salz und Pfeffer abschmecken.

T-Bone Steaks & Potato Sticks

36

Das wird gebraucht:

4 T-Bone Steaks (je ca. 450 g; wem das zuviel ist, der nimmt 1 normales Steak pro Person)
2 Knoblauchzehen
5 EL Olivenöl
Pfeffer
4 große vorwiegend fest kochende Kartoffeln
Paprikapulver
etwa 750 ml Öl zum Frittieren
Salz
Heinz Drei Pfeffer Sauce zum Fleisch
Heinz Tomato Ketchup zu den Sticks

Zubereitungszeit: ca. 45 Minuten
Marinierzeit: ca. 2 Stunden
Für 4 Personen
Pro Portion: ca. 1110 kcal/ 4660 kJ

Berühmte Flasche
Henry John Heinz gestaltete 1890 das noch heute verwendete achteckige Design für seine Heinz Tomato Ketchup Flasche. Damit gelang ihm wieder mal ein Meisterstück: Er schuf die neben der 1916 entwickelten Coca-Cola Flasche ("Georgia Green") bekannteste Flaschenform der Welt.

So wird's gemacht:

1. Den Fettrand von den Steaks mehrmals einschneiden, damit sich das Fleisch beim Braten oder Grillen nicht wellt. Den Knoblauch schälen und in dünne Scheiben schneiden. Diese in einer Schüssel mit dem Olivenöl vermengen und mit Pfeffer würzen. Die Steaks darin mindestens 2 Stunden marinieren.

2. Dann die Kartoffeln waschen und schälen. In dünne Scheiben hobeln. Jeweils ca. 4 Scheiben aufeinander legen und diese in dünne Streifen schneiden. Die Streifen mit Küchenpapier gut trockentupfen. Die Sticks in eine Schüssel geben und mit Paprikapulver würzen.

3. Die Steaks auf dem Grill gut anbraten und bei schwächerer Hitze zu Ende garen (4-8 Minuten pro Seite). Oder in der Pfanne anbraten, dann die Temperatur zurückschalten oder gleich im Backofen zu Ende garen.

4. Für die Sticks das Öl in der Fritteuse auf 170° erhitzen oder im Topf gut heiß werden lassen. Die Sticks darin in ca. 4 Minuten goldgelb backen. Abtropfen lassen und mit Salz würzen.

5. Die Steaks nach dem Garen mit Salz würzen und mit Heinz Pfeffersteak Sauce servieren. Die Sticks mit Heinz Tomato Ketchup servieren.

Fish fingers

Das wird gebraucht:

800 g Rotbarschfilet
Saft von 1 Zitrone
Salz
3 EL Mehl
3 Eier
2 TL Senf
150 g Maismehl
4 TL getrocknete Kräuter der Provence
etwa 500 ml Öl zum Frittieren
Heinz Tomato Ketchup

Zubereitungszeit: ca. 45 Minuten
Für 4 Personen
Pro Portion: ca. 515 kcal/ 2155 kJ

Tipp:
Für 4 Personen als Hauptspeise oder für 8 als Vorspeise. Knoblauch-Freaks dippen die Fishfingers zusätzlich zum Tomato Ketchup in Heinz Knoblauch Sauce.

37

So wird's gemacht:

1. Die Rotbarschfilets in gut 1 cm dicke Streifen schneiden, mit dem Zitronensaft beträufeln und salzen. Rundherum mit Mehl bestäuben.

2. Die Eier in einem Teller verquirlen und mit dem Senf gut verrühren. Maismehl mit den getrockneten Kräutern in einem anderen Teller mischen.

3. Das Öl zum Frittieren in der Fritteuse auf 180° erhitzen oder in einem Topf gut heiß werden lassen. Fisch erst durch Ei-Senf-Mischung ziehen, dann im Maismehl wälzen.

4. Überschüssiges Mehl leicht abklopfen und die Fishfingers vorsichtig in das heiße Öl geben. Ca. 4 Minuten backen, auf Küchenpapier gut abtropfen lassen. Mit Heinz Tomato Ketchup servieren.

Gumbo **Seafood**

Das wird gebraucht:

750 g rohe Garnelen in der Schale
1 Chilischote
3 EL Olivenöl
1 Zweig Thymian
1 Zweig Oregano
2 Knoblauchzehen
2 Zwiebeln
1 grüne Paprikaschote
4 Fleischtomaten
200 ml Gemüsefond oder -brühe
180 ml Heinz Hot Ketchup

Zubereitungszeit: ca. 1 Stunde
Marinierzeit: ca. 30 Minuten
Für 4 Personen
Pro Portion: ca. 330 kcal/ 1385 kJ

38

So wird's gemacht:

1. Die Garnelen schälen und kalt abspülen. Chilischote waschen, halbieren, entkernen und würfeln, mit 2 EL Olivenöl zu den Garnelen geben. Kräuter abzupfen, dazugeben. Knoblauchzehen schälen und dazupressen. Zugedeckt ca. 30 Minuten marinieren.

2. Dann Zwiebeln schälen und würfeln, Paprikaschote waschen, halbieren, putzen und würfeln. Tomaten mit kochendem Wasser überbrühen, häuten und ebenfalls in Würfel schneiden.

3. Das übrige Olivenöl erhitzen, Zwiebeln darin glasig dünsten. Paprika unterrühren und kurz mitdünsten. Tomaten dazugeben. Gemüsefond und Heinz Hot Ketchup unterrühren und alles ca. 10 Minuten bei schwacher Hitze köcheln lassen.

4. Eine Pfanne heiß werden lassen. Die Garnelen mit der Marinade darin bei starker Hitze ca. 3 Minuten anbraten, salzen, pfeffern, zum Gemüse geben und einmal aufkochen. Dazu schmeckt Reis.

Sunrise Lobster

39

Das wird gebraucht:

1 Hummer (gekocht und tiefgefroren, ersatzweise 16 Riesengarnelen)
4 Schalotten
1 kleine Knoblauchzehe
2 EL Öl
2 EL Cognac
4 EL Weißwein
2 EL Heinz Sundried Tomato Sauce
200 g Sahne
Salz, Cayennepfeffer
einige Zweige frisches Koriandergrün

Zubereitungszeit: ca. 20 Minuten
Für 2 Personen
Pro Portion: ca. 600 kcal/ 2520 kJ

Tomato Ketchup - Fast Food oder etwa doch Slow Food? Wer nicht warten will, bis der süße Rote sich mit der sagenhaften Geschwindigkeit von 45 m pro Stunde auf den Teller traut, kann ihm so auf die Sprünge helfen:
1. Geben Sie ihm einen kleinen Klaps auf den Flaschenboden oder verwenden Sie gleich die Squeeze-Flasche.
2. Stecken Sie einen Strohhalm möglichst tief in die Flasche hinein. So kommt ein wenig Luft in den Ketchup und er fließt schneller aus der Flasche.

So wird's gemacht:

1. Erfahrene (Hobby-)Köche brechen den Hummer aus dem Panzer. Wer sich das nicht zutraut, nimmt Garnelen, löst sie aus der Schale und entfernt den dunklen Darm am Rücken.

2. Die Schalotten und den Knoblauch schälen und in feine Würfel schneiden. Das Öl in einer Pfanne erhitzen. Schalotten, Knoblauch und Hummer oder Garnelen darin anbraten.

3. Mit Cognac ablöschen, Weißwein dazuschütten. Heinz Sundried Tomato Sauce hinzufügen und alles mit der Sahne auffüllen. Mit Salz und Cayenne würzen und kurz köcheln lassen.

4. Den Koriander waschen und trockenschwenken. Blättchen fein hacken oder ganz lassen und untermischen.

Dazu passt besonders gut Wildreis.

Barbecue

So wird aus einem lauen Abend garantiert eine heiße Nacht:

HEINZ

Raus ins Freie, den Grill ausgepackt, leckere Saucen

und Salate aufgetischt und rauf auf den Grillrost

mit Chicken Wings, Tuna und Cornfritter!

Und dann noch ein bisschen am Lagerfeuer sitzen ...

Barbecue Chicken Wings

Das wird gebraucht:

24 Hähnchenflügel
3 EL Olivenöl
Salz
3 Knoblauchzehen
6 EL Heinz Tomato Ketchup
2 EL Aceto Balsamico
Saft von 1 Limette
1 EL brauner Zucker
2 EL Honig
1 rosenscharfes Paprikapulver
Pfeffer, Cayennepfeffer
einige Spritzer Tabasco

40

Zubereitungszeit: ca. 30 Minuten
Für 2 Personen (als Vorspeise für 4-6 Personen)
Pro Portion: ca. 600 kcal/ 2520 kJ

Heinz around the World!
So unterschiedlich können Geschmäcker sein: Briten bevorzugen Heinz Tomato Ketchup zu Fish and Chips, Chinesen lieben ihn zu Backhähnchen, Spanier und Indonesier wiederum krönen ihre Omelette und andere Eierspeisen mit der roten Sauce. Pur zu Spaghetti ist er Favorit der Schweden, und in Osteuropa landet er gerne auf Pizzen.

So wird's gemacht:

1. Den Holzkohlen- oder den Backofengrill anheizen. Oder den Backofen auf 180° (Umluft 160°) vorheizen. Die Hähnchenflügel kalt waschen, trockentupfen, in einer Schüssel mit Olivenöl und ca. 1 TL Salz gut vermengen.

2. Die Chicken Wings auf den Rost des Grills oder auf ein Backblech legen. Auf dem Grill oder im Ofen ca. 15 Minuten grillen oder braten, dabei auf dem Rost mehrmals, im Backofen einmal wenden.

3. In der Zwischenzeit den Knoblauch schälen und durchpressen. Mit Heinz Tomato Ketchup, Essig, Limettensaft, Zucker und Honig zu einer Barbecue Sauce mischen, mit Paprika, Salz, Pfeffer, Cayennepfeffer und Tabasco abschmecken.

4. Die Flügel mit einem Drittel der Sauce bepinseln und kurz weitergrillen. Wenden und wieder bepinseln. Die Chicken Wings so lange weiter grillen, bis die ganze Sauce aufgestrichen und karamellisiert ist.

All American Spareribs

41

Das wird gebraucht:

1,5 kg Spareribs
1 Knoblauchzehe
2 EL rosenscharfes Paprikapulver
1 TL Salz
1 TL Chilipulver
1 EL schwarzer Pfeffer
5 EL Olivenöl
1 Flasche Heinz Barbecue Sauce (180 ml)
2 EL Honig

Zubereitungszeit: ca. 1 Stunde
Marinierzeit: ca. 3 Std.
Für 4 Personen
Pro Portion: ca. 770 kcal/ 3235 kJ

So wird's gemacht:

1. Die Spareribs in Portionen (jeweils 2-3 Rippen) schneiden. Für die Marinade den Knoblauch schälen und durchpressen, mit dem Paprikapulver, Salz, Chilipulver, Pfeffer und Olivenöl vermengen und über die Spareribs gießen. Das Fleisch mindestens 3 Stunden marinieren.

2. Den Grill anheizen oder den Backofen auf 180° (Umluft 160°) vorheizen. Die Spareribs auf den Rost oder auf ein mit Backpapier belegtes Blech legen und 20-30 Minuten grillen oder braten. Dabei auf dem Rost mehrmals, im Backofen einmal wenden.

3. Zum Bestreichen die Heinz Barbecue Sauce mit dem Honig gut vermengen. Die Spareribs damit bepinseln und weiter grillen oder braten, bis sie schön gebräunt sind.

Mustard Barbecue **Spareribs**

Das wird gebraucht:

1,5 kg Spareribs
2 Knoblauchzehen
2 EL brauner Zucker
4 EL Aceto Balsamico
4 EL grobkörniger Senf
250 ml Heinz Tomato Ketchup
1 Spritzer Tabasco
Salz, Pfeffer

Zubereitungszeit: ca. 45 Minuten
Marinierzeit: ca. 3 Stunden
Für 4 Personen
Pro Portion: ca. 545 kcal/ 2290 kJ

42

So wird's gemacht:

1. Die Spareribs in Portionen (jeweils 2-3 Rippen) schneiden und in eine große Schüssel legen. Für die Marinade den Knoblauch schälen und durchpressen, mit Zucker, Essig, Senf und Heinz Tomato Ketchup vermengen und mit Tabasco abschmecken. Diese Marinade über die Spareribs gießen, mindestens 3 Stunden marinieren.

2. Den Grill anheizen oder den Backofen auf 190° (Umluft 170°) vorheizen. Die Spareribs aus der Marinade nehmen und auf den Rost oder auf ein mit Backpapier belegtes Blech legen. Ca. 30 Minuten grillen oder braten, dabei mehrmals wenden und mit der übrigen Marinade bepinseln. Mit Salz und Pfeffer würzen und servieren.

Roasted Pork in Salsa Marinade

Das wird gebraucht:

43

600 g Schweineschnitzel
1 frische Chilischote
2 Knoblauchzehen
2 EL Olivenöl
Saft von 1 Limette
4 Strauchtomaten
1/2 Bund Koriander
2 EL Rotweinessig
90 ml Heinz Hot Chili Sauce
Salz, Pfeffer

Zubereitungszeit: ca. 45 Minuten
Marinierzeit: ca. 30 Minuten
Für 4 Personen
Pro Portion: ca. 445 kcal/ 1870 kJ

Tipp:
Wer will, schneidet Limettenschale in feine Streifen und garniert das Fleisch damit.

So wird's gemacht:

1. Schweineschnitzel halbieren, in eine Schüssel legen. Die Chilischote waschen, halbieren, entkernen und in feine Würfel schneiden. Den Knoblauch schälen und durchpressen. Beides mit Olivenöl und Limettensaft gut vermengen. Über die Schnitzel gießen und zugedeckt ca. 30 Minuten marinieren.

2. Inzwischen Tomaten vom Stielansatz befreien, mit kochendem Wasser überbrühen, häuten, entkernen und in feine Würfel schneiden. Koriander waschen, trockenschütteln und fein hacken. Tomaten mit Koriander, Essig und Heinz Hot Chili Sauce in einer Schüssel gründlich vermischen.

3. Die Schnitzelchen aus der Marinade nehmen und auf dem heißen Grill pro Seite etwa 5 Minuten grillen. Oder in einer Pfanne mit wenig Öl kurz und scharf anbraten, salzen und pfeffern. Die gegrillten Schnitzel mit der Tomatensalsa servieren. Wer die Schnitzel in der Pfanne macht, gibt die Salsa dazu und kocht sie einmal auf.

Tuna Barbecue Style

Das wird gebraucht:

1/4 Bund frischer Koriander
1 Knoblauchzehe
Saft von 1 Zitrone
100 ml Olivenöl
4 frische Tunfischsteaks (je ca. 200 g)
Salz, Pfeffer
Heinz Mediterrane Olivensauce

Zubereitungszeit: ca. 20 Minuten
Marinierzeit: ca. 1 Stunde
Für 4 Personen
Pro Portion: ca. 675 kcal/ 2840 kJ

44

Gar nicht so amerikanisch: das Barbecue!
In Frankreich war es üblich, Schweine oder sogar ganze Ochsen zuzubereiten, indem man sie "vom Barthaar" (= barbe) bis zur Schwanzspitze (= queue) aufspießte und über großen Feuern grillte. Und irgendwann wurde aus dem französischen "barbe-queue" eben das amerikanische "Barbecue".

So wird's gemacht:

1. Den Koriander kalt abspülen und trockenschwenken, fein hacken. Den Knoblauch schälen und durchpressen. Beides mit Zitronensaft und Olivenöl mischen.

2. Tunfischsteaks kalt abspülen und mit Küchenpapier trockentupfen, in der Marinade wenden und ca. 1 Stunde darin ziehen lassen.

3. Dann den Grill anheizen. Die Tunfischsteaks pro Seite ca. 5 Minuten grillen, dabei immer wieder mit der Marinade bepinseln. Salzen, pfeffern und mit Heinz Mediterraner Olivensauce servieren.

HEINZ
OLIVEN
SAUCE

Hot & Honey **Duck**

Das wird gebraucht:

4 kleinere Entenbrüste
2 EL Heinz Sojasauce
3 EL Honig
1 EL Heinz Tomato Ketchup
Cayennepfeffer
1 Schalotte
Salz, Pfeffer

Zubereitungszeit: ca. 30 Minuten
Marinierzeit: ca. 2 Stunden
Für 4 Personen
Pro Portion: ca. 430 kcal/ 1805 kJ

45

So wird's gemacht:

1. Die Entenbrüste von den Sehnen befreien und die Haut mit einem Messer kreuzweise einschneiden.

2. Sojasauce, Honig und Tomato Ketchup miteinander verrühren und mit 1 Prise Cayennepfeffer würzen. Die Schalotte häuten, klein schneiden und dazugeben. Die Entenbrüste in diese Marinade legen und ca. 2 Stunden darin ziehen lassen.

3. Dann den Grill anheizen oder den Backofen auf 180° (Umluft 160°) vorheizen. Die Entenbrüste zuerst mit der Hautseite auf den Grill legen. Unter mehrmaligem Wenden 10-15 Minuten grillen. Oder in einer (ofenfesten) Pfanne auf der Hautseite anbraten und dann wenden, in den Ofen schieben und 10-15 Minuten garen. Zwischendurch mit der Marinade bestreichen. Mit Salz und Pfeffer würzen und servieren.

Corn Fritters

46

Das wird gebraucht:

3 Maiskolben
2 Eier
Salz, Pfeffer
1 Prise Zucker
frisch geriebene Muskatnuss
4 EL Mehl
2 EL Butterschmalz
Heinz Knoblauch Sauce

Zubereitungszeit: ca. 50 Minuten
Für 4 Personen
Pro Portion: ca. 335 kcal/ 1405 kJ

TIPP:
Wenn Sie keine frischen Maiskolben bekommen, können Sie auch Mais aus der Dose nehmen.

So wird's gemacht:

1. Die Maiskolben von Blättern und Fäden befreien. Gut waschen und mit einem stumpfen Messer die Körner vom Kolben schaben. Diese grob hacken und in eine Schüssel geben.

2. Die Eier trennen, die Eigelbe zum Mais geben, die Eiweiße steif schlagen. Mais mit Salz, Pfeffer, Zucker und Muskat würzen. Das Mehl dazugeben und alles gut vermengen, den Eischnee unterheben.

3. Den Grill anheizen und mit Alufolie belegen. Oder eine Pfanne heiß machen. Butterschmalz auf die Folie oder in die Pfanne geben, mit einem Esslöffel portionsweise Teig auf die Folie oder in die Pfanne löffeln und von beiden Seiten goldgelb garen.

Dazu Heinz Knoblauch Sauce reichen.

Bacon & Shrimps

Das wird gebraucht:

16 rohe Riesengarnelen (Shrimps)
1 Knoblauchzehe
1 Zitrone
4 EL Heinz Barbecue Sauce
8 Scheiben Frühstücksspeck (Bacon)
eventuell Öl zum Braten
Dipp: alle Heinz Saucen sind lecker dazu

Zubereitungszeit: ca. 15 Minuten
Für 4 Personen
Pro Portion: ca. 305 kcal/ 1280 kJ

47

So wird's gemacht:

1. Die Riesengarnelen gegebenenfalls aus dem Panzer brechen, auf der Rückenseite einschneiden und den dunklen Darm entfernen.

2. Die Knoblauchzehe schälen und klein schneiden. Die Zitrone heiß waschen, die Schale fein abreiben. Beides mit der Barbecue Sauce verrühren, mit den Garnelen mischen, kurz marinieren.

3. Den Grill anheizen. Den Speck halbieren und jeweils 1 Garnele in 1 Speckstück wickeln. Die Speckgarnelen auf dem Grill oder in einer heißen Pfanne mit etwas Öl von jeder Seite einige Minuten grillen oder braten.

Mit verschiedenen Heinz Saucen servieren.

Bacon wrapped Bananas

Das wird gebraucht:

4 Bananen
1 TL eingelegter grüner Pfeffer
2 EL Honig
4 EL Heinz Curry Ketchup
1 Prise Currypulver
12 Scheiben Frühstücksspeck (Bacon)
eventuell Öl zum Braten

Zubereitungszeit: ca. 25 Minuten
Für 4 Personen
Pro Portion: ca. 300 kcal/ 1260 kJ

TIPP:
Die Bananen passen hervorragend zu Geflügel.

48

So wird's gemacht:

1. Die Bananen schälen und jeweils in 3 gleich große Stücke schneiden. Den grünen Pfeffer grob hacken und mit Honig, Heinz Curry Ketchup und Curry in einer Schüssel mischen, die Bananen darin einlegen.

2. Den Grill anheizen oder den Backofen auf 200° (Umluft 180°) vorheizen. Den Speck auf der Arbeitsfläche ausbreiten und jeweils 1 Bananenstück darin einwickeln. Auf dem Grill oder auf einem leicht geölten Backblech ca. 10 Minuten knusprig grillen oder backen. Dabei mehrmals wenden.

Local Heroes

HEINZ

Heinz proudly presents:

Die großen und kleinen Local Heroes vom Missisippi

bis zum Hudson, von der East- zur Westcoast,

die Reise kann losgehen. Just follow Route 57!

HEINZ
TOMATO
KETCHUP
大陶虧損

Chinatown **Sweet 'n Sour Pork**

49

Das wird gebraucht:

600 g Schweinefilet
1 EL Heinz Sojasauce
1 Eigelb
7 EL Mehl
2 TL Backpulver
1 große Zwiebel
2 Frühlingszwiebeln
1 grüne Paprikaschote
1 rote Paprikaschote
2 Knoblauchzehen
500 ml Öl
6 EL Essig
6 EL Zucker
6 EL Heinz Tomato Ketchup
Salz
3 TL Speisestärke

Zubereitungszeit: ca. 1 Stunde
Für 4 Personen
Pro Portion: ca. 575 kcal/ 2415 kJ

So wird's gemacht:

1. Das Filet in Würfel schneiden. Sojasauce mit Eigelb und 1 EL Mehl mischen, Fleischwürfel unterrühren und ca. 20 Minuten ziehen lassen.

2. Die Zwiebel schälen und in Ringe schneiden. Frühlingszwiebeln waschen, putzen und in Ringe schneiden. Paprikaschoten waschen, halbieren, putzen und würfeln. Knoblauch schälen und in Scheiben schneiden.

3. Das übrige Mehl und das Backpulver unter die Fleischwürfel mischen. Das Öl im Wok erhitzen. Das Fleisch ins Öl geben und 4-5 Minuten braten. Fleisch aus dem Wok nehmen und auf eine angewärmte Platte geben. Das Öl bis auf 3 EL aus dem Wok gießen.

4. Knoblauch darin kurz braten, dann die Zwiebel und das Gemüse dazurühren. Essig, Zucker, 3 EL Wasser, Heinz Tomato Ketchup und Salz mischen und über das Gemüse schütten. Speisestärke mit 5 TL Wasser verrühren und ebenfalls untermischen. Einmal kräftig aufkochen, bis die Sauce dickflüssig wird. Die Gemüsemischung über das gebratene Fleisch geben und alles heiß servieren.

New York **Club Sandwich**

Das wird gebraucht:

200 g Hähnchenbrustfilet (1-2 Stück)
Salz, Pfeffer
1/2 TL Chilipulver
1 EL Sonnenblumenöl
8 Scheiben Frühstücksspeck (Bacon)
1 Avocado
Saft von 1/2 Limette
1/2 Kopfsalat
12 Scheiben Vollkorntoast
4 EL Heinz Tomato Ketchup
2 EL Mayonnaise

Zubereitungszeit: ca. 35 Minuten
Für 4 Personen
Pro Portion: ca. 970 kcal/ 4075 kJ

50

So wird's gemacht:

1. Den Backofen auf 160° (Umluft 140°) vorheizen. Die Hähnchenbrust mit Salz, Pfeffer und Chilipulver würzen. Das Sonnenblumenöl in einer ofenfesten Pfanne erhitzen. Das Hähnchen darin von beiden Seiten kräftig anbraten. In den Ofen schieben und in ca. 15 Minuten fertig garen.

2. Den Speck in einer Pfanne ohne Fettzugabe knusprig braten, auf Küchenpapier abtropfen lassen. Avocado schälen, halbieren, entkernen und in dünne Scheiben schneiden. Die Scheiben mit Limettensaft beträufeln, mit Salz und Pfeffer würzen. Salatblätter auseinander lösen, waschen und trockentupfen.

3. Toastscheiben toasten, 4 Scheiben mit Heinz Tomato Ketchup bestreichen. Hähnchenbrust in dünne Scheiben schneiden, daraufgeben, Speck daraufsetzen. Mit weiteren 4 Toastscheiben belegen, mit Mayonnaise, Salat und den Avocadoscheiben bedecken. Die restlichen Toasts darauflegen und mit Zahnstochern fixieren. Die Sandwiches in Dreiecke schneiden.

Reuben Sandwich **Heinz Style**

Das wird gebraucht:

4 Scheiben Roggenbrot
4 EL Heinz Drei Pfeffer Sauce
8 dünne Scheiben Pastrami
150 g gegartes Sauerkraut
4 Scheiben Emmentaler

Zubereitungszeit: ca. 20 Minuten
Für 4 Personen
Pro Portion: ca. 630 kcal/ 2645 kJ

Das Sandwich wurde 1914 von Arnold Reuben erfunden. Er war Inhaber eines berühmten Delikatessen-Shops in New Yorks 35th Street. 1956 reichte die Kellnerin Snider das Rezept bei einem nationalen Sandwich-Wettbewerb ein – und gewann!

51

So wird's gemacht:

1. Den Backofen auf 180° (Umluft 160°) vorheizen. Die Brotscheiben auf ein Backblech legen und Heinz Drei Pfeffer Sauce darauf verstreichen.

2. Pastrami Scheiben darauflegen, dann das Sauerkraut und zum Schluss je 1 Käsescheibe. Die Brote im Ofen 8-10 Minuten überbacken, bis der Käse leicht schmilzt.

Virginia **Ham**

Das wird gebraucht:

1 kg gekochter und geräucherter Schinken am Stück
100 ml frisch gepresster Orangensaft
250 ml Heinz Tomato Ketchup
3 EL Honig
4 EL Sherry

Zubereitungszeit: ca. 15 Minuten
Garzeit: ca. 1 1/2 Stunden
Für 6 Personen
Pro Portion: ca. 685 kcal/ 2880 kJ

Tipp:
Schinken dünn aufschneiden und mit eingedickter Marinade als Sauce mit Kartoffelpüree (Mashed Potatoes) servieren.

52

So wird's gemacht:

1. Den Backofen auf 180° vorheizen. Den Schinken weitgehend von der Schwarte befreien. Die Fettschicht mit einem Messer rautenförmig einschneiden.

2. In einer Schüssel Orangensaft, Heinz Tomato Ketchup, Honig und Sherry gut verrühren.

3. Den Schinken in eine feuerfeste Form mit Deckel geben und mit der Marinade bepinseln. In den Ofen (Umluft 160°) schieben und zugedeckt 1 1/2 Stunden schmoren. Dabei alle 15 Minuten mit Marinade einstreichen. Zum Schluss den Deckel für 10 Minuten entfernen und den Schinken bräunen lassen.

Pacific **Tuna Melt**

53

Das wird gebraucht:

2 Dosen Tunfisch im eigenen Saft (je 150 g)
1 kleine Zwiebel
1 kleines Bund Petersilie
4 EL Haferflocken
2 Eier
Saft von 1 Limette
Salz, Pfeffer
1 EL Erdnussöl
1 EL Mehl
8 Scheiben Vollkorntoast
4 EL Heinz Hot Ketchup
100 g Emmentaler in Scheiben

Zubereitungszeit: ca. 30 Minuten
Für 4 Personen
Pro Portion: ca. 555 kcal/ 2330 kJ

Tipp:
Mit Cole Slaw und Pommes serviert ein "Real San Francisco Lunch". Und statt Toasts schmecken auch Bagels prima.

So wird's gemacht:

1. Den Tunfisch abtropfen lassen, in eine Schüssel füllen und mit einer Gabel fein zerpflücken. Die Zwiebel schälen und fein hacken. Die Petersilie waschen und ebenfalls fein zerkleinern.

2. Zwiebel, Petersilie, Haferflocken, leicht verquirlte Eier und Limettensaft zum Tunfisch geben, mit Salz und Pfeffer abschmecken und gut vermischen.

3. Den Backofen auf 190° (Umluft 170°) vorheizen. Öl in einer Bratpfanne erhitzen, aus der Masse Bällchen formen, leicht flach drücken, mit wenig Mehl bestäuben und bei schwacher Hitze auf jeder Seite ca. 4 Minuten braten.

4. Die Hälfte der Toastscheiben mit Hot Ketchup bestreichen und auf ein Backblech legen. Die Tunfischburger darauf geben, mit Käse belegen und im Ofen ca. 5 Minuten überbacken. Die übrigen Brotscheiben toasten und darauf legen. Diagonal halbieren.

HEINZ
TOMATO
KETCHUP

Spicy Meatballs with Spaghetti

54

Das wird gebraucht:

2 Zweige Oregano
1 Bund Petersilie
4 Knoblauchzehen
400 g Rinderhackfleisch
4 EL Semmelbrösel
2 Eier
Salz, Pfeffer
4 EL Olivenöl
400 g Spaghetti
250 ml Heinz Tomato Ketchup
100 ml Gemüsebrühe
50 g frisch geriebener Parmesan

Zubereitungszeit: ca. 40 Minuten
Für 4 Personen
Pro Portion: ca. 800 kcal/ 3360 kJ

Was man sät, das erntet man ...
... und deshalb legte Henry John Heinz schon früh höchsten Wert auf ausgewähltes Saatgut, das noch heute für alle Heinz Tomatenprodukte verwendet wird.

So wird's gemacht:

1. Oregano und Petersilie waschen. Oreganoblättchen abzupfen, Petersilie fein hacken. 2 Knoblauchzehen schälen und durchpressen, die übrigen schälen und fein hacken.

2. Rinderhackfleisch mit Semmelbröseln, je der Hälfte vom Oregano und der Petersilie, dem gepressten Knoblauch, Eiern, Salz und Pfeffer vermengen.

3. Aus dem Fleischteig mit befeuchteten Händen walnussgroße Bälle formen. In einer Pfanne 3 EL Olivenöl erhitzen, die Bällchen darin rundherum bei schwacher Hitze ca. 8 Minuten braten.

4. Inzwischen die Spaghetti in Salzwasser »al dente« kochen. Für die Sauce das restliche Öl erhitzen, gehackten Knoblauch und übrigen Oregano darin andünsten. Heinz Tomato Ketchup und Gemüsebrühe hinzufügen und ca. 3 Minuten einköcheln lassen.

5. Spaghetti abtropfen lassen, in der Mitte des Tellers anrichten. Sauce drumherum geben und die Fleischbällchen darauf geben, mit der übrigen Petersilie bestreuen. Parmesan dazu servieren.

Maryland Crab Cakes

Das wird gebraucht:

4 Scheiben Toastbrot
70 ml Milch
400 g Krebsfleisch (Dose)
1 mehlig kochende Kartoffel
2 Schalotten
1/2 Bund Petersilie
1 Ei
2 EL Heinz Knoblauch Sauce
2 EL Mehl
Salz
Cayennepfeffer
Mehl zum Bestäuben
Öl zum Braten

Zubereitungszeit: ca. 50 Minuten
Für 4 Personen
Pro Portion: ca. 290 kcal/ 1220 kJ

Tipp:
Statt Krebsfleisch passen auch Shrimps oder Garnelen für dieses Rezept.

55

So wird's gemacht:

1. Das Toastbrot fein zerbröseln und in einer Schüssel in der Milch einweichen. Das Krebsfleisch abtropfen lassen und klein schneiden. Die Kartoffel waschen, schälen und fein reiben. Die Schalotten schälen und fein hacken. Die Petersilie waschen und ebenfalls fein zerkleinern.

2. Alle diese Zutaten mit dem Ei, der Heinz Knoblauch Sauce und dem Mehl zum Toastbrot geben und vermischen. Mit Salz und Cayenne würzen.

3. Aus der Krebsfleischmasse 8 Küchlein formen und mit etwas Mehl bestäuben. Das Öl in einer Pfanne erhitzen, die Crab Cakes darin bei mittlerer Hitze pro Seite in ca. 5 Minuten goldgelb garen.

Sweet Fried Cheese Chillies

Das wird gebraucht:

16 kleine Spitzpaprikaschoten oder sehr kleine rote und grüne runde Paprikaschoten
200 g Feta (Schafkäse)
Salz
2 EL Heinz Hot Chili Sauce
2 Eier
150 g Semmelbrösel
3 EL Mehl
etwa 750 ml Öl zum Frittieren

Zubereitungszeit: ca. 40 Minuten
Für 4 Personen
Pro Portion: ca. 410 kcal/ 1720 kJ

56

So wird's gemacht:

1. Die Paprikaschoten waschen. An einer Seite längs vom Stiel bis zur Spitze aufschneiden. Mit einem Teelöffel die Kerne herauskratzen.

2. Den Feta in einer Schüssel mit einer Gabel zerkleinern, mit Salz und Chili Sauce würzen. Den Käse mit einem Löffel in die Paprikaschoten füllen.

3. Die Eier in einer Schüssel verquirlen, die Semmelbrösel in einen tiefen Teller füllen. Die gefüllten Paprikaschoten mit Mehl bestäuben, durch die Eier ziehen und in den Semmelbröseln panieren. Darauf achten, dass die Panade keine »Löcher« hat, damit der Käse nicht herauslaufen kann.

4. Das Öl in der Fritteuse auf 170° erhitzen oder in einem Topf gut heiß machen. Die Paprikaschoten darin portionsweise in 4-5 Minuten goldgelb backen. Auf Küchenpapier abtropfen lassen, heiß servieren.

Heinz Apple Pie

Das wird gebraucht:

Für den Teig:
350 g Mehl
1/2 TL Salz
1 TL Zimtpulver
100 g Zucker
180 g kalte Butter oder Margarine
1 Ei

Für die Füllung:
1 kg säuerliche Äpfel
5 EL Heinz Tomato Ketchup
2 TL Zitronensaft
eventuell 1-2 TL Zucker

Zubereitungszeit: ca. 1 Stunde
Kühlzeit: ca. 1 Stunde
Backzeit: ca. 45 Minuten
Für 12 Stück
Pro Stück: ca. 265 kcal/ 1115 kJ

57

So wird's gemacht:

1. Für den Teig Mehl mit Salz, Zimt und Zucker mischen. Die Butter in kleine Stücke schneiden und mit Ei und einigen Esslöffeln eiskaltem Wasser dazugeben. Alles zu einem glatten Teig verkneten.

2. Zwei Drittel vom Teig zu einer Kugel rollen und zwischen zwei Schichten Klarsichtfolie zu einem ca. 28 cm großen Kreis ausrollen. Das andere Drittel ebenfalls zur Kugel rollen und zwischen Folie 22-24 cm groß ausrollen. Beide Teigkreise vorsichtig in den Kühlschrank legen und ca. 1 Stunde kühlen.

3. Dann den Backofen auf 200° vorheizen. Die Äpfel schälen, vierteln, entkernen und in feine Scheiben schneiden. Ketchup und Zitronensaft verrühren, unter die Apfelscheiben mischen. Wenn die Äpfel sehr sauer sind, 1-2 TL Zucker untermischen.

4. Vom größeren Teigkreis vorsichtig die obere Folie abziehen, Teig in eine Springform (22-24 cm ø) stürzen, andere Folie abziehen, den Teig am Rand etwa 3 cm hoch ziehen. Äpfel einfüllen. Vom kleineren Teigkreis eine Folie abziehen, Teig auf die Äpfel stürzen. Obere Folie abziehen, Teigdeckel mit dem Teigrand zusammendrücken.

5. Kuchen im Ofen (Umluft 180°) ca. 45 Minuten backen. Warm mit Vanilleeis serviert, schmeckt er besonders gut.

DINER Restaurant Adressen

Deutschland:

TEX-MEX
Georgenstraße, Bogen 198
10117 Berlin-Mitte

Jonny B. Goode's
Pieperstr. 16
28195 Bremen

Lara's Diner
Bremerstr. 112
28816 Brinkum

Buttermaker
Worringer Str. 142
40210 Düsseldorf

Scotti's Movie Diner
Christophstr. 2
40225 Düsseldorf

State Side
Berger Str. 14
40213 Düsseldorf

Chicago Meatpackers
Untermainanlage 8
60329 Frankfurt

Dollhouse Diner
Große Freiheit 14-16
22767 Hamburg

Doris Diner
Grindelhof 43
20146 Hamburg

Graceland
Stresemannstr. 374
22761 Hamburg

Hollywoodcanteen
Gärtnerstr. 94
20253 Hamburg

Jones'Bar & Grill
Dockenhudenerstr. 2
22587 Hamburg

The Locks
Marienhof 6
22399 Hamburg

Mexcal
Robert-Kochs-Str. 36
20249 Hamburg

Montgomery Champs
Holsteiner Chaussee 402
22457 Hamburg

Tex's Bar-B-Q
Millerntorplatz 1
20359 Hamburg

Henry's Griddle
Georgstr. 50
30159 Hannover

Road Stop
Schiffahrter Damm 315
48157 Münster

Joe Champs
Hohenzollernring 1-3
50672 Köln

Farmers Steak House/Barbeque
Hohenzollernring 57
50672 Köln

Allie's American Grill
Am Hallischen Tor 1
04109 Leipzig

Julep's New York Bar
Breisacher Str. 18
81677 München

Cafe Atlas
Innere Wiener Str. 2
81667 München

Luigi Malone's
Leopoldst. 28a
80802 München

Opus One
Seidlstr. 18
80335 München

Mamasita
Schumannstr. 9
81679 München

Tijuana Café
Leopoldstr. 13
80802 München

Woody's
Rosensteinstr. 22
70191 Stuttgart

Lucky Strike Originals Diner
Am Lichtbogen 12
45141 Essen

Mindener Str. 36
32547 Bad Oeynhausen

Vahrenwalder Str. 13a
30165 Hannover

Grothusstr. 10
45881 Gelsenkirchen

Daisy's Diner Restaurant
Steinsetzer Str. 9
28279 Bremen

Oessler Str. 15a
30880 Laatzen

An der Autobahn 2
28876 Oyten

Am Hanfberg 1
29649 Wietzendorf

Lousiana Company GmbH
Johannisbollwerk 20/Hafen (Steamboat)
20465 Hamburg

Hamburger Str. 1-15
22083 Hamburg

Kurt-Schumacher-Ring 1-3
58636 Iserlohn

Bolkerstr. 18
40213 Düsseldorf

Promenade 75
46047 Oberhausen

Hahnenstr. 37
50667 Köln

Bahnhofstr. 32
57072 Siegen

Schönstr. 15
67659 Kaiserslautern

Österreich:

American Fifties
Gumpendorferstr. 71
1060 Wien

Subway Sandwich Restaurant
Felberstr. 1
1150 Wien

Lima
Floriangasse 16
1080 Wien

New Country
Salzgasse 8
1010 Wien

Porterhouse
Schulertstr. 19
1010 Wien

Texas Steak House
Hütteldorfer Str. 33
1150 Wien

Forence Diner
Landongasse 6
1080 Wien

Stars & Stripes
Berchtoldgasse 1
1220 Wien

Buffalo City Restaurant
Gudrungasse 120
1100 Wien

Avocado American Diner
Hernalser Hauptstr. 64
1170 Wien

Rocky Docky's
Western-Steak-House
Rückertgasse 39
1160 Wien

Molly Malone
Färbergasse 15
8010 Graz

Santa Clara
Bürgergasse 6
8010 Graz

Asados
Alpenstr. 115
5020 Salzburg

Sanchos
Klessheimer Alleee 67
5020 Salzburg

Steakhouse Fürberg
Fürbergerstr. 36
5020 Salzburg

Lemon Chili
Nonntaler Hauptstr. 24
5020 Salzburg

Schweiz:

Papa Joe's
Barfüsslerplatz
4051 Basel

Schauplatzgasse 23
3011 Bern

Schiffländle 18
8001 Zürich

Movie Restaurant
Steinenvorstadt 32
4051 Basel

Metzgerrainle 9
6004 Luzern

St. Leonard-Str. 32
9000 St. Gallen

Bahnhofquai 7
8001 Zürich

ZIC-ZAC Rockgarden
Baselstr. 355
4123 Allschwil

Herdenstr. 56
8004 Zürich

Marktgasse 15
8001 Zürich

O'Henry
Gottfried-Keller-Str. 7
8000 Zürich

REGISTER A-Z

IMPRESSUM

Carsten Dorhs

Er ist eine Art kulinarischer Christopher Columbus: Der gebürtige Hesse Carsten Dorhs, 31 Jahre alt, hat eine Vorliebe für die Meere dieser Welt! Seine Ausbildung absolvierte er im Hotel Maritim am Timmendorfer Strand, später überquerte er die Ozeane als Chef de Cuisine auf dem Luxus-Segler »Sea Cloud«, stets auf der Suche nach neuen kulinarischen Entdeckungen.
Die amerikanische Küche liebt der »VOX Kochduell-Kartoffelkönig« auf Grund ihrer häufig unterschätzten Vielfalt: Die kulinarischen Wurzeln der Einwanderer sind bis heute zu spüren, dennoch sind viele Gerichte auf spannende Weise weiterentwickelt worden. Wenn der erfolgreiche Kochbuchautor und Foodstylist in seiner Freizeit nicht gerade neuen Illy-Espressotassen hinterherjagt, trifft man ihn entweder auf dem Fußballplatz oder unter Wasser beim Tauchen.
Mehr über Carsten Dorhs unter www.carsten-dorhs.de

Andreas C. Studer

Sein Markenzeichen, das Baseball-Cap, ist für den 34-jährigen Schweizer ein Stück Erinnerung an seinen langen Aufenthalt in den USA und in Mexiko. Die Zeit hat seinen Lebensstil geprägt. So kocht er heute gern Tex-Mex und kann mit Begeisterung über die Vielfalt der amerikanischen Küche schwärmen. Angefangen hat alles mit einer Kochlehre im Berner Oberland. Es folgte der Besuch einer Hotelfachschule. Dann ging's mit dem Diplom in der Tasche nach Cancun (Mexiko) und San Francisco. Der Wahlberliner und mehrfache Kochbuchautor, bekannt aus dem »Kochduell«, frönt in seiner Freizeit zwei Leidenschaften: dem Fitnesssport und der Spionage. Agent »Studi« schreibt einen Thriller. Sein Vorbild? Ein Amerikaner selbstverständlich – der Bestseller-Autor Thomas Harris.
Mehr über Andreas C. Studer unter www.studionline.de

Danke für (H)einzigartige Unterstützung an:
Matthias Wilberg, Volker Widmann (H.J. Heinz GmbH), Dr. Sabine Huber, Stefanie Poziombka, Birgit Rademacker und alle Testköche (Gräfe und Unzer Verlag GmbH).

Rezepte: Carsten Dorhs, Andreas C. Studer
Redaktion und Texte: Catharina Wilhelm
Redaktionsassistenz: Tanja von Nayhauss
Projektleitung H. J. Heinz GmbH: Pia Schauer
Lektorat: Cornelia Schinharl
Layout, Umschlaggestaltung und Satz: Bianca Locker, werk 3 graphic design, München
Fotos: Christiane Krüger
Foodstyling: Maik Schacht
Herstellung: Markus Plötz
Reproduktion: Repro Schmidt/Dornbirn/Austria
Druck und Bindung: Appl, Wemding
Diner-Adressen: iPublish GmbH, MERIAN contentbase
ISBN 3-7742-2826-4

Auflage:	3.	2.	1.
Jahr:	03	02	01

Das Original mit Garantie

Unsere Garantie: Sollte ein GU-Ratgeber einmal einen Fehler enthalten, schicken Sie uns bitte das Buch mit einem kleinen Hinweis und der Quittung innerhalb von sechs Monaten nach dem Kauf zurück. Wir tauschen Ihnen den GU-Ratgeber gegen einen anderen zum gleichen oder ähnlichen Thema um.

Ihr Gräfe und Unzer Verlag
Redaktion Kochen
Postfach 86 03 25
81630 München
Fax: 089/41981-113
e-mail: leserservice@graefe-und-unzer.de